Eckart Vogel

KinderStundenStücke

Klassenmusizieren für Einsteiger in den Schulklassen 3 bis 6

Mit ausführlichen Hilfen für Neigungslehrkräfte
und beiliegender CD

FIDULA

Notensatz: Eckart Vogel

Fotos: Rainer Zimmermann, Eckart Vogel

Fidula-Verlag

56154 Boppard am Rhein

www.fidula.de

Tel. 06742 - 2488 · Fax 06742 - 2661

info@fidula.de

Best.-Nr. **184**

ISBN 978-3-87226-184-7

ISMN   M-2003-0184-7

Inhalt

Ouvertüre für Einsteiger ins Klassenmusizieren
(5 Takte)

1. Takt: ‚Einsteiger' können **Kinder** sein, die noch keine Erfahrungen im Instrumentalspiel haben. Deshalb sind die KinderStundenStücke vor allem für die Grundschule und die Orientierungsstufe gedacht, natürlich auch für Vorschulklassen und für die Sonderschule. Sie können auch eingesetzt werden in der Erwachsenenbildung oder der Seniorenbetreuung. Die Stücke haben sehr leicht spielbare Melodien, die von absoluten Nicht-Musikern auf Anhieb bewältigt werden können. Im einfachsten Fall spielt die Lehrkraft die Akkordbegleitung, und die Kinder spielen die Melodie.

Die meisten KinderStundenStücke enthalten zusätzliche Angebote, die nach und nach genutzt werden können: Begleitung mit Körperinstrumenten, Einsatz eines oder mehrerer Schlaginstrumente, zweite Stimmen oder einfache Akkordbegleitung sowie sehr einfache Bassstimmen. Das Zusammenspiel mehrerer verschiedener Elemente wird auf diese Weise allmählich geübt.

2. Takt: ‚Einsteiger' können aber auch **Lehrkräfte** sein, die ihrerseits keine oder nur wenige Erfahrungen mit dem Musizieren im Klassenverband haben. Deshalb enthalten die einzelnen Spielstücke Kommentare, die sich direkt auf das jeweilige Stück beziehen. Außerdem bietet dieses Buch eine ausgiebige Stichwortsammlung, die besonders für Neigungslehrkräfte gedacht ist. Diese Stichwörter beziehen sich ausschließlich auf Probleme, die beim Musizieren dieser Stücke von Bedeutung sind und nach denen auf Fortbildungslehrgängen oft gefragt wurde: Es sind methodische, pädagogische, organisatorische und musiktheoretische Hinweise, die studierten Schulmusikern größtenteils bekannt sind. Trotzdem dürfte hier für jeden etwas Neues zu finden sein.

3. Takt: Das bewährte Konzept der *StundenStücke* und der *SwingStundenStücke* wurde beibehalten: Jedes Stück ist in einer einzigen **Schulstunde** zu bewältigen. Alle Melodiestimmen (und nur diese) sind voraussetzungslos spielbar. Die Instrumente sind frei wählbar. Jedes Stück hat eine eigene musikalische Idee und unterscheidet sich darin von allen anderen Stücken. Zusätzlich finden sich im Kapitel „Einschwingen" mehrere Übungsreihen (zum Sprechen und Klatschen), die dem Aufwärmen und der rhythmischen Schulung dienen. Da diese Publikation auch und besonders für Neigungslehrkräfte gedacht ist, erscheint sie zusammen mit einer CD. Diese dürfte die Arbeit erheblich erleichtern.

4. Takt: Grundschullehrkräfte haben vorgeschlagen, **Sprechrhythmen** zu jeder Melodie anzubieten, da diese die Einstudierung erheblich erleichtert. Die angebotenen Texte sind natürlich jederzeit durch eigene Texte ersetzbar. Sie stehen absichtlich nicht unter den Noten, es handelt sich nämlich nicht um Lieder, sondern um Spielstücke. Die Texte haben nur dienende Funktion.

5. Takt: Während in den beiden bisher erschienenen Spielheften entweder Stücke im Latin- *(Stunden Stücke)* **oder** im Swing-Stil *(SwingStundenStücke)* enthalten waren, finden sich in dieser Sammlung beide ‚Welten': **Latin und Swing.** Die KinderStundenStücke sind so sortiert, dass sie – bezogen auf die Melodiestimme – allmählich immer schwieriger werden (Nr. 1 bis Nr. 20). Danach beginnt eine neue Abteilung – diesmal mit Stücken im Swing-Rhythmus, die wieder sehr einfach beginnen und allmählich schwieriger werden (Nr. 21 bis Nr. 40). In dieser Sammlung sind, wenn man so will, zwei Lehrgänge enthalten. Man kann selbstverständlich auch Latin- und Swingstücke abwechselnd spielen, genauso wie man Latin- und Swinglieder hintereinander singen kann.

Hinweis: Aus schreib- und leseökonomischen Gründen wurde im Text die kürzere (männliche) Form gewählt. Es sind natürlich immer auch Schülerinnen, Lehrerinnen, Spielerinnen etc. gleichermaßen gemeint.

1   *Meine Tante*

Die Schüler spielen nur die *Melodie**, also die erste Zeile. Die Lehrkraft begleitet mit einem *Akkordinstru-ment (Gitarre, Klavier, Akkordeon)*. Die *Begleitakkorde* stehen über der *Bassstimme*.

Die *Einstudierung* fällt hier sehr leicht, denn die Kinder haben nur zweimal „den gleichen Ton" *(Ton-wiederholung, Prim)* oder „den Ton daneben" *(Sekundschritt)* zu spielen.

Die Melodie kann mit der ganzen Klasse gleichzeitig einstudiert werden: Alle klatschen nach dem Vorbild des Lehrers in die Hände, sprechen dazu diesen Übungstext im *Rhythmus*:

 „Meine / Tante / wohnt in Ali- / cante."
(Wem diese Textzeile nicht zusagt, der mag eigene passende Texte unterlegen. Das ist eine große Freude für die Kinder, vor allem wenn der Text etwas mit ihnen zu tun hat. Anregungen dazu finden Sie unter dem Stichwort *Selber texten*, Seite 101.)

Dieser geklatschte Rhythmus wird dann in zwei Arbeitsschritten auf die Töne des Spielstücks übertragen, zuerst Takte 1-2, dann die Takte 3-4, denn diese gehören jeweils zusammen.

Anschließend spielen alle zusammen die Melodie, einzelne Schüler dürfen sie alleine vorspielen. Das ist auch für solche Schüler zu empfehlen, die das Stück noch nicht so richtig spielen können.

Und welchen Zweck haben die anderen beiden Notenzeilen? Sie sind ein Angebot. Und das schönste an echten Angeboten ist, dass man sie weglassen kann. Also: Nehmen Sie die KinderStundenStücke nicht als Kompositionen, sondern als eine Art ‚Steinbruch'. Nur die *Melodie* ist Pflicht, der Rest ist Angebot.

1. Wenn Sie wollen, können Sie einen oder zwei Schüler die *Triangelstimme* spielen lassen. Diese betont die wichtigste *Zählzeit*, die ‚Eins' des jeweiligen Taktes.

2. Ein weiteres Angebot ist die *Bassstimme*: Ein Schüler spielt sie auf den *Bassstäben* (oder mit dem *Keyboard* in *Basslage* oder auf den *Basstönen* des *Klaviers*). Die *Akkordbegleitung* durch die Lehrkraft sollte dann vielleicht auch in *Halben* erfolgen. Der Bassspieler wird sonst verwirrt.

Bei der *Einstudierung* mehrerer Stimmen empfiehlt es sich, diese zunächst unterschiedlich zu kombinie-ren, bevor alle zusammen erklingen.

---

* Alle kursiv gedruckten Wörter finden sich im Sachregister Seite 116 ff. Dort wird auf die entsprechenden Fundstellen in der „Ideenkiste" verwiesen.

 Eckart Vogel KinderStundenStücke © Fidula

Novembermorgen

Die Schüler spielen wieder nur die *Melodie*, also die erste Zeile. Die Lehrkraft kann dazu mit einem *Akkordinstrument (Gitarre, Klavier, Akkordeon)* begleiten. Die *Begleitakkorde* stehen über der *Bassstimme*. Die Schwierigkeit entspricht der von Nr. 1, es werden also wieder entweder Töne wiederholt *(Prim)* oder Nachbartöne *(Sekund)* gespielt. Wer mit Tonnamen arbeitet, muss hohes und tiefes c (siehe Stichwort *Tonleitern*) unterscheiden, da die Schüler – sobald man vom Ton c spricht – immer automatisch das tiefe c sehen und auch spielen. Selbstverständlich kann man statt „hoch" und „tief" auch die für Kinder naheliegenderen Adjektive „hell" und „dunkel" benutzen oder auch „groß" und „klein", was nicht so widersinnig ist, wie es zunächst vielleicht erscheint (siehe Stichwort *Eingestrichene Oktave*). Die Melodie hat das Tongeschlecht *Moll* (siehe Stichwort *Tonleitern*). Die Lehrkraft muss also am *Klavier* diesmal die angegebenen *Mollakkorde* spielen.

Wenn Sie wollen, können Sie zusätzlich die angegebene dritte Notenzeile verwenden, z.B. indem die halbe Klasse (oder eine kleinere Schülergruppe) im Sitzen abwechselnd auf die Oberschenkel schlägt („patsch") und in die Hände klatscht („klatsch"). Dadurch entsteht eine *Betonung* auf die *Zählzeiten* 2 und 4 *(Back Beat)*, wie sie in der Rock-, Jazz- und Gospelmusik üblich ist: Das *Klatschen* ist nämlich lauter als das *Patschen*. Und wer ein Schlagzeug *(Drumset)* zur Verfügung hat, kann die *Bass Drum (Basstrommel)* und die Snare *Drum* (Trommel mit Schnarrsaiten) spielen lassen. Spielkommando: „Fuß-Hand-Fuß-Hand" (siehe Stichwort *Drumset*, Seite 78).

Die *Bassstimme* ist erheblich schwieriger als die von Nr. 1 auch wenn sie nur aus zwei Tönen besteht. Während dort nämlich jeder gegebene Ton immer zweimal kam, liegt hier eine eigenständige *Basslinie* vor. Man könnte einen musikalischen Schüler damit beauftragen. Zu empfehlen sind hier zwei *Bassstäbe*, unter gegebenen Voraussetzungen auch zwei leere Saiten auf dem *E-Bass* (siehe Stichwort). Weitere Ideen siehe Stichwort *Bass*.

Viele Angebote also, aus denen Sie für Ihre individuelle Unterrichtssituation auswählen können. Nach und nach bekommt man ein Gespür dafür, was in welcher Lerngruppe zu schaffen ist. Im Normalfall spielen eben alle Schüler die Melodie, die Lehrkraft begleitet.

 Textidee zur Einstudierung der Melodie in der Grundschule:
„Grau ist der No- / vembermorgen, / selten kommt die / Sonne durch."

3 Dreimal g

Die *Melodie* hat nur vier Töne, die formal recht sinnvoll gruppiert sind: Der *Rhythmus* „kurz-kurz-lang" kommt dreimal vor, dazu einmal die vier *Viertel.* Die Begleitung ist wieder mit *Körperinstrumenten* möglich. Zur Methodik siehe auch Spielstücke Nr. 1 und 2.

Die *Akkordfolge* ist eine *kleine Kadenz.*

Zunächst spielen die Schüler die Melodie, begleitet vom Lehrer auf der *Gitarre* oder dem *Klavier.*

Anschließend kann ein Schüler die *Bassstimme* auf *Stabspielen* darstellen. (Ein eventuell vorhandener *E-Bass* ist nur unter bestimmten Umständen einsetzbar, denn alle drei *Basstöne* müssen *gegriffen* werden. Gleichzeitig Töne zu greifen und die jeweilige Saite anzuschlagen muss geübt werden.)

Einfacher ist da schon die rhythmische Begleitstimme, die wie angegeben mit *Körperinstrumenten* oder auch mit einem *Schlagzeug* gespielt werden kann. Den tiefen Ton spielt man dann auf der *Bass Drum* (mit der Fußmaschine), den hohen auf der *Snare Drum.*

Während der *Einstudierung* der Melodie können Schüler, die nicht beteiligt sind, die *rhythmische Begleitung* unterlegen. Wieder entsteht ein *Back Beat* (siehe Kommentar zu Nr. 2).

   Textvorschlag zur Einstudierung der Melodie in der Grundschule:
„Dreimal g, / dreimal a / das kann auch der / Großpapa."

Gehst du nicht ans Telefon

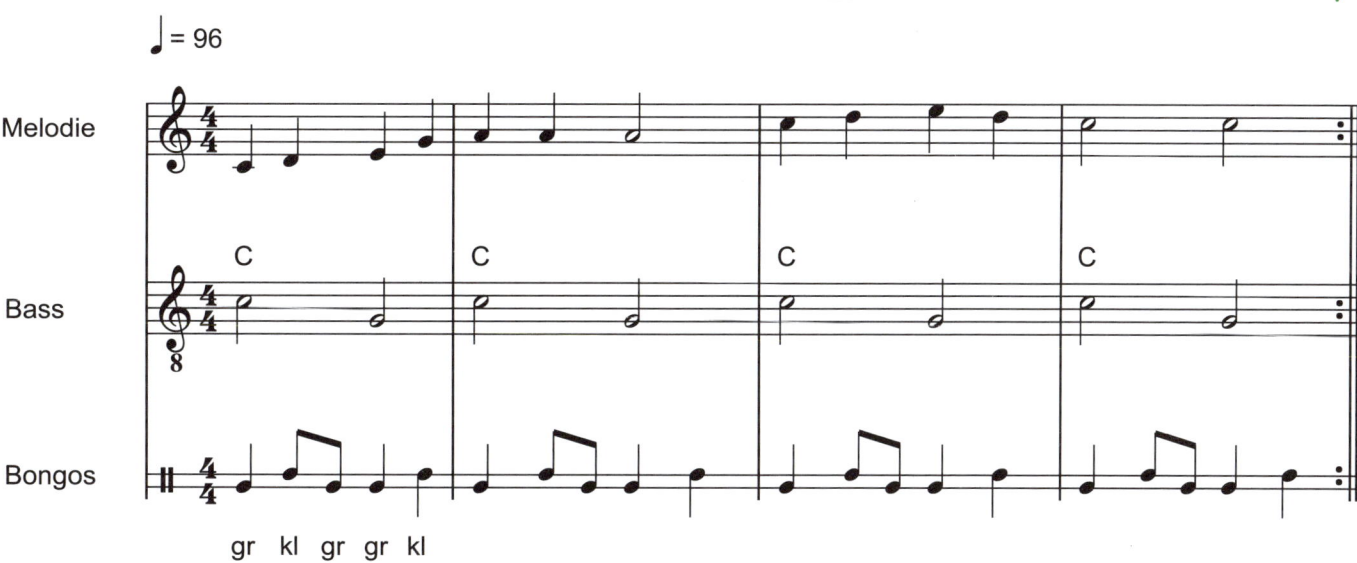

Wir benötigen für die Melodie die Töne der *C-Dur-Tonleiter* – mit Ausnahme aller Töne f und h. Manche Lehrer lassen diese Töne herausnehmen, man kann sie aber genauso gut mit Papierstückchen oder Knetgummi als ‚Tabutöne' markieren: Dann bleibt eine *Fünftonleiter* übrig (siehe Stichwort *Pentatonik*), die dann ebenso kinderleicht gespielt wird wie eine normale *Tonleiter*.

Übrigens kann man mit diesen Tönen zum sich immer wiederholenden Bass *(Basso Ostinato)* sehr gut *improvisieren*.

Die *Bongostimme* kann wegbleiben oder von einem musikalischen Schüler übernommen werden. Der *Handsatz* (also die Vorgabe, mit welcher Hand welche Note gespielt wird – analog zum Fingersatz bei Klaviernoten) sollte so sein, dass jede Hand eine Trommel spielt. *Bongos* haben (im Gegensatz zu den größeren *Congas*) kleine Felle, man spielt sie am besten je mit einem oder zwei Fingern, nicht mit der ganzen Hand.

Die *Basslinie* nennt man *Pendelbass* oder *Wechselbass*, sie ist leicht auf zwei *Bassstäben* darstellbar. Hier ist auch bei entsprechender Einweisung der E-Bass einsetzbar, man greift auf dem 3. Bund der A-Saite (ergibt C) und auf dem 3. Bund der E-Saite (ergibt G) abwechselnd. Auch zwei stimmbare Pauken sind hier gut einsetzbar.

Wer noch Kraft und Zeit hat, kann einen Schüler oder mehrere Schüler an die Gitarre setzen. Dieser muss drei Finger an die richtige Stelle des Griffbretts drücken (siehe Grifftabelle unter dem Stichwort *Gitarre*) und kann dann immer schön C-Dur spielen: Die rechte Hand schlägt alle sechs Saiten an.

 Textidee zur Einstudierung der Melodie in der Grundschule:
„Gehst du nicht ans / Telefon, / schreib ich dir 'ne / Karte."

Begleitungen mit nur **einem** Akkord und Wechselbass eignen sich übrigens sehr gut für Improvisationen (siehe Improvisationsmodell und Spielstück Nr. 19).

Gleich und gleich

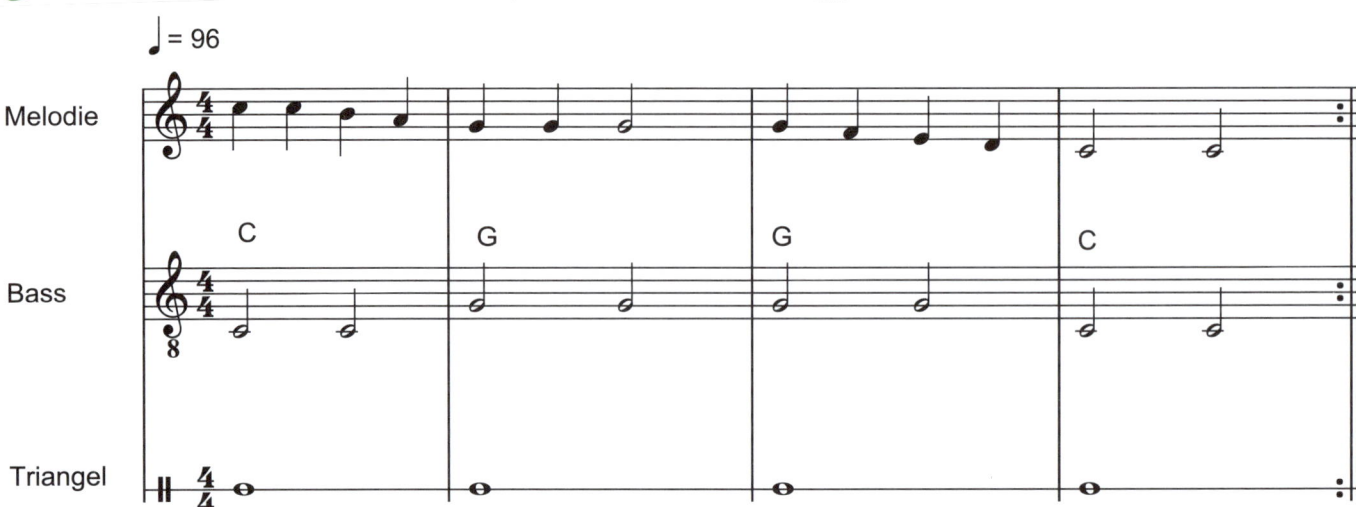

Bei dieser Etüde ist zu beachten, dass die ersten beiden Melodietöne des ersten Taktes gleich sind. Das stellt bereits für manche Schüler eine erhöhte Schwierigkeit dar. Als sehr schwierig hat sich ebenfalls erwiesen, dass die Takte 2 und 4 unterschiedliche *Rhythmen* aufweisen. Das natürliche ‚kindliche' Formgefühl verleitet die Kinder dazu, auch im letzten Takt *Viertel-Viertel-Halbe* zu spielen. Abhilfe schafft ein einfacher Übungstext, der der Melodie während der Einstudierung unterlegt wird:

„Gleich und gleich ge- / sellt sich gern / – Übung macht den / Meister."

Wenn man die *Bassstimme* von Kindern auf *Bassstäben* spielen lässt, muss der Beginn der *Akkordfolge* mit dem Ton C in *Takt 1* bewusst gemacht werden. Was bei einem Einzeldurchgang problemlos ist, wird bei mehreren *Wiederholungen* – und das streben wir ja an – schwierig. Denn wer sagt, es käme zweimal C und zweimal G im Wechsel, empfindet die *Form* des Musikstückes falsch.

In der Orientierungsstufe kann man den *E-Bass* anstelle der Bassstäbe einsetzen (siehe Grifftabelle E-Bass, Seite 80). Wer Bassstäbe über zwei Oktaven hat, kann in Oktavparallelen begleiten lassen.

Eckart Vogel KinderStundenStücke © Fidula

Spiel die Melodie

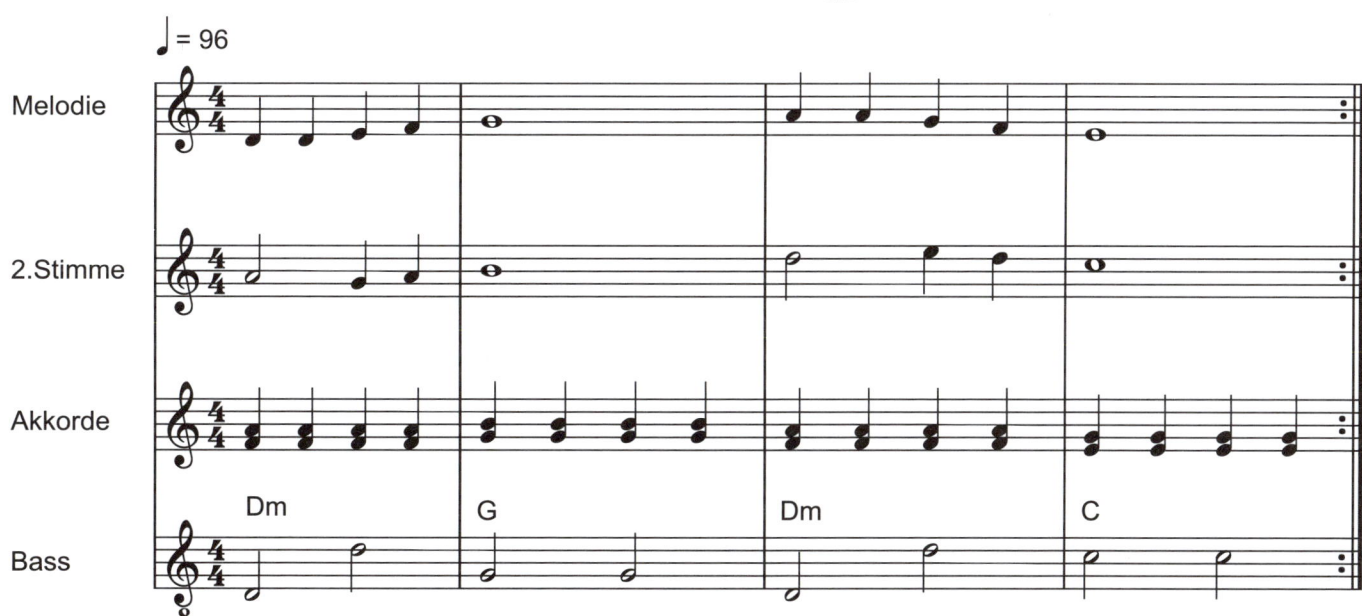

Das Stück beginnt in der Melodiestimme mit einer *Tonwiederholung* und *Sekundschritten* aufwärts, es folgt eine Tonwiederholung und Sekundschritte abwärts. Dabei handelt es sich um eine *sequenzierte Umkehrung*. Nach diesem schlichten Modell sind viele Kinderlieder gestrickt: Äußerst einfache Tonbausteine *(Motive)* werden miteinander kombiniert, es entsteht eine einprägsame Melodie. Im einfachsten Fall spielen also wieder die Kinder die Melodie auf den *Orffinstrumenten*, und der Lehrer begleitet auf dem *Akkordinstrument*.

Wer selbstständige *Flötenspieler* (oder Akkordeonspieler, Klavierspieler) hat, kann die *zweite Stimme* dazu spielen lassen, die in diesem Fall über der Melodie liegt, also viel leiser als diese sein muss. Bei gleicher Lautstärke mehrerer Stimmen hört man nämlich die **Randstimmen** (also die oberste und die unterste Stimme) heraus.

Die *Harmonisierung* mit *Akkorden* besteht aus gerückten *Dreiklängen*, die hier ganz apart klingen, außerdem auch für Nichtpianisten sofort auf dem *Klavier* darstellbar sind. Die *Akkord*kombination Dm und G stammt aus der *dorischen Tonleiter*, die man z.B. bei irischer und bretonischer Musik häufig findet (*Kirchentonart* sagt man in Deutschland dazu).

Die *Bassstimme* ist für den *E-Bass* zu schwierig, kann aber auf *Bassstäben* gut dargestellt werden. Wer nur drei *Bassstäbe* (d, g, c) hat, muss auf die *Oktavierungen* in den Takten 1 und 3 verzichten.

 Textvorschlag für die Einstudierung der Melodie in der Grundschule:
„Spiel die Melo- / die, / traurig wird sie / nie."

Ist der Teller leer

Auch diese Melodie ist in der Mitte geteilt, sie besteht aus zwei rhythmisch identischen Teilen. Hier finden wir zum ersten Mal eine sogenannte *Sequenz*, das bedeutet in diesem Fall, dass das *Motiv* der Takte 1 und 2 in den beiden folgenden Takten einfach einen Ton höher gespielt wird (siehe auch Stichwort *Form*). Die Arm- bzw. Handbewegung ist also gleich. Bei der *Einstudierung* sollte nicht Ton für Ton vorgegangen, sondern das Prinzip der *Sequenzierung* in schülergerechter Sprache vermittelt werden.

Da die Melodie sehr einfach ist, bleibt sicher Zeit für die anderen Stimmen. Sehr schön wäre, wenn die Lehrkraft am Ende der Stunde nicht mehr am *Akkordinstrument* mitspielen müsste:

Die *Metallophon*stimme enthält alle wichtigen *Akkordtöne* (ggf. auf zwei Schüler verteilen, einer spielt e-f-d-e, also die Oberstimme, der andere g-a-h-g, also die Unterstimme).

Der *Bass* wird von einem Schüler auf drei *Bassstäben* gespielt (kaum *E-Bass*-tauglich!).

Ein Glanzlicht wäre, wenn ein privatmusikalisch geschulter Schüler die *Flötenstimme* übernehmen könnte (geht natürlich auch auf dem *Keyboard* oder dem *Akkordeon*).

Erstmalig wird hier eine zweite Stimme angeboten. Sie ist ein zusätzliches Angebot für besonders begabte Schüler. Die zweiten Stimmen, auch die der nachfolgenden Stücke, sind für die Mehrheit der Schüler meist zu schwer (siehe Stichwort *Überflieger*).

Textidee für die Einstudierung in der Grundschule:
„Ist der Teller / leer, / gibt es gleich noch / mehr."

Rico

Die *Akkordfolge* ist typisch für die *Flamenco-Kadenz*, in der Musikgeschichte heißt sie auch *Lamento-Kadenz*, weil sie häufig in traurigen Musikstücken verwendet wurde. Im vorliegenden Fall darf man gerne die *Dreiklänge* einfach nebeneinander setzen (a-c-e, g-h-d, f-a-c, e-gis-h), so dass aparte *Quint*parallelen entstehen. Das machen die Flamencogitarristen auch. In der Melodie findet sich diesmal eine genaue *Umkehrung* (siehe Stichwort *Form*): Das *Motiv* aus den Takten 1-2 wird in den Takten 3-4 in anderer Richtung gespielt – nach unten statt nach oben.

Wenn Schüler mehrere Viertelnoten hintereinander spielen, werden sie oft schneller. Die Relation von *Viertelnoten* zu *halben Noten* ist für Kinder nicht so klar wie für erfahrene Musiker. Man muss also auf das Problem hinweisen. Man kann auch laut zur Musik zählen. Sehr gut ist auch die Methode, den *Bass* mal (ohne *Keyboard*, *Akkorde* oder *Percussion*) alleine mit der *Melodie* spielen zu lassen. Die Kinder sollen **aufeinander hören** und den Dirigenten (Lehrer) irgendwann überflüssig machen. Anzustreben ist, dass jeder auf jeden hört, während er selber spielt. Dieses Grundproblem haben auch viele Chöre, Schulorchester und andere Musikgruppen: Die einzelnen Mitwirkenden sind oft zu sehr auf die Bewältigung der eigenen Spiel- oder Singprobleme konzentriert und vergessen dabei, dass sie sich in einen Gesamtklang einzufügen haben. Die Fähigkeit zum Zuhören kann man aber schon mit Kindern üben.

Den Bass spielt man am besten auf *Bassstäben*. Wer in der Orientierungsstufe einen *E-Bass* einsetzen will, lässt alle vier Töne auf der E-Saite greifen (siehe Grifftabelle unter dem Stichwort *E-Bass*). Dann gibt es keine Probleme mit evtl. zu lang ausgehaltenen Basstönen oder mit dem Saitenwechsel.

Zusatzideen für die Orientierungsstufe:

- Vier Schüler spielen auf vier *Gitarren* abwechselnd: Am (leicht); G (etwas unangenehm); F (unspielbar, also E auf *Capo* 1); E (leicht).

- Die *Drumset*-Stimme kann hinzugefügt werden. Die Spielanweisung lautet „Fuß-Hand-Fuß-Hand". Der rechte Fuß spielt die *Bass Drum*, die linke Hand mit dem *Drumstick* die *Snare Drum*.

Textvorschlag für die Einstudierung der Melodie in der Grundschule:
„Rico putzt in / Ruhe / alle schwarzen / Schuhe."

Wo ist sie bloß?

Im Vergleich zu anderen Stücken ist dieses relativ langsam, also muss man von Anfang an auf das Tempo achten (siehe Verweise zum Begriff *Metronom* im Sachregister).

Wer zum ersten Mal ein Stück im *Dreivierteltakt* mit Kindern musiziert, muss sie darauf vorbereiten. Denn fast alle Musik, die man in unserer musikalischen Umwelt hört (besonders in der Popmusik), steht im ⁴⁄₄-Takt. Zu empfehlen sind Zähl- und Klatschübungen im ¾-Takt, wie sie im Kapitel „Einschwingen" (siehe Seite 54 ff.) angeboten werden.

Die Melodie besteht aus einem *Motiv* (T. 1-2) und einer *Sequenzierung* dieses Motivs.

Man wird also bei der *Einstudierung* zunächst die ersten beiden Takte genau üben und dann den Hinweis geben: Jetzt spielen wir alles einen Ton tiefer! Dann muss nur noch geübt werden, die beiden Motive aneinander zu hängen.

Im Unterricht übt man am besten zuerst die Bassstimme (dabei dürfen gerne alle laut zählen!) und weist dann zwei Schüler am Keyboard (oder Klavier, oder Metallophon) ein:

1. Spieler: f-f-e-g   2. Spieler: c-h-h-c

Lassen Sie die Kinder ruhig eine Oktave höher oder tiefer spielen (die Keyboardtöne dürfen jedoch nicht unter der Bassstimme liegen). Es wird sonst vielleicht zu eng auf den Tasten. Die beiden *Keyboarder* müssen gut eingespielt werden, sie wechseln nämlich ihre Töne nicht gleichzeitig in der gleichen Richtung. Bass und Keyboard üben also gemeinsam, bevor die Melodie dazutritt.

Wer vier *Gitarren* hat, kann vier Schüler nacheinander spielen lassen. Das ist sehr motivierend und kann schön klingen, mal abgesehen vom pädagogischen Nutzen. Die *Gitarren*griffe sind recht einfach trotz der für Laien Furcht erregenden Akkordbezeichnungen (siehe Seite 89).

Der *Bass* wird am besten auf vier Bassstäben gespielt, von einem einzelnen Schüler oder arbeitsteilig von mehreren.

Zur *Flötenstimme* siehe Stichwörter *Einstudierung* und *Blockflöte*.

 Textidee für die Einstudierung des Rhythmus in der Grundschule:
„Wo ist bloß unsre / Lehrerin? / War grad noch in der / Klasse drin!"

Geh ich in die Schule rein

Die Melodielinie ist der von Nr. 6 ähnlich: Es geht über zwei Takte nach oben, dann über zwei Takte wieder nach unten. Es bestehen aber zwei wichtige Unterschiede:

1. Diesmal steht die Melodie in *Dur* statt in *Moll*.

2. Obwohl auch in diesem Spielstück ein *zweitaktiges rhythmisches Motiv* wiederholt wird, ist die Schwierigkeit aber ein klein wenig erhöht durch den *punktierten* Rhythmus.

Es handelt sich übrigens um den Rhythmus von „Auf, du junger Wandersmann", den man bei genauer Suche in allen möglichen Musikstücken aus aller Welt wiederfinden kann.
Die vorliegende *kleine Kadenz* hat dementsprechend drei *Basstöne*, die man auf *Stabspielen* darstellen kann. Ab der Orientierungsstufe lässt sich eventuell der *E-Bass* einsetzen: Man greift auf dem 3. Bund der A-, der D- und der E-Saite. Das ist schwierig, weil beide Hände die Saite wechseln müssen.
Das Einüben der *Triangelstimme* (die ist wirklich schwierig für Grundschulkinder!) kann zunächst durch lautes Zählen erfolgen. Lassen Sie, wenn Sie möchten, die ganze Klasse (ohne schneller zu werden!) laut im Tempo mitzählen: 1-2-3-4-1-2-3-4 usw. Dieses laute Zählen soll nachher wegfallen und nur noch im Notfall eingesetzt werden. Wichtig ist der Hinweis an den/die Triangelspieler, dass immer gleichzeitig mit dem ersten Basston eines Taktes gespielt wird.

 Textvorschlag für die Einstudierung des Melodierhythmus in der Grundschule:
„Geh ich in die / Schule rein, / fällt mir gleich die / Pause ein."

Weißer Flieder

Wer zum ersten Mal ein Stück im *Dreivierteltakt* mit Kindern musiziert, muss sie darauf vorbereiten (siehe dazu die Übungen im Kapitel „Einschwingen", Seite 54 ff., 82 und 104).

Bei der Einstudierung ist genau das Tempo zu beachten. Die Bass- und die Akkordstimme haben längere Notenwerte als die Melodiestimme. Wenn man nun die Rhythmusgruppe zu schnell einstudiert hat, ist sie nachher kaum noch zu bremsen. Kinder haben offenbar (wenn sie zu mehreren sind) eine Art absolutes Tempogefühl. Es ist keine Schande, hier ein *Metronom* einzusetzen, denn das *Tempo* kann ein Musikstück sehr stark beeinflussen. Schneller ist selten besser! Ein ruhiges Musizierstück wirkt auch auf die Kinder beruhigend.

Bei Einüben der Melodie muss man eigentlich nur die beiden *Motiv*schlüsse (g-f und e-g) bewusst üben, der Rest ist über die *Tonleiter* erklärbar: Von c' aufwärts bis a' (dazu Motivschluss 1) und von d'' abwärts bis e' (dazu Motivschluss 2).

Wer *Gitarren* einsetzt (hier bietet es sich an, z.B. zwei Gitarren zu verwenden), kann auf die Akkord-Stimme verzichten. Natürlich lässt sich auch beides zugleich einsetzen.

Wenn der *Bass* zu große Schwierigkeiten bereitet (oder auf dem *E-Bass* dargestellt werden soll), kann im dritten Takt dreimal g gespielt werden.

Auch der Einsatz von Schlagwerk bietet sich hier an. Mögliche Grundrhythmen dafür finden Sie bei den anderen Spielstücken im ¾-Takt (z.B. Nr. 9, 14, 22 u.a.).

Die 2. Stimme ist nicht ganz einfach wegen der Schlüsse: Die dort vorkommenden *Terz*sprünge stehen in Achtelnoten – also gut abwägen, ob das jemand in der Klasse ohne größere Probleme spielen kann.

 Textideen für die Einstudierung des Rhythmus in der Grundschule:
„Opa kommt vom Einkauf / wieder, / bringt für Oma weißen / Flieder."

(oder: „Goethe macht 'ne lange / Reise, / dichtet Texte seiten- / weise.")
(oder: „Heute gehn wir auf die / Reise, / singen eine schöne / Weise.")

Zu Hause geblieben

Ein kurzes *rhythmisches Motiv* (kurz-kurz-lang) wird auf verschiedenen *Tonhöhen* wiederholt. Die Melodie erhält ihren Reiz durch die ungewöhnlichen *Begleitakkorde*. Der letzte Takt dient als Abschluss: Deshalb hat er einen anderen *Rhythmus*.

Der *Bass* kann auf zwei *Bassstäben* gespielt werden. Die *Akkord*-Stimme kann vom Lehrer übernommen werden, lässt sich aber auch leicht mit Kindern einstudieren.

Wer zwei *Gitarren* hat und etwas Zeit aufbringen kann, lässt zwei Schüler alternierend die angegebenen *Akkorde* spielen:

A-Moll ist einfach zu greifen, *F-Dur* ist zu schwierig, also am besten mit *Capo* 1 (Griff: *E-Dur*) darzustellen (siehe Stichwort *Gitarre*)

Am/C bedeutet, dass man den Akkord *a-Moll* spielt, gleichzeitig im *Bass* den Ton *C*.

Zusatzangebot für die Orientierungsstufe: Die *Drumset*-Stimme kann hinzugefügt werden. Die Spielanweisung lautet: „Fuß-Hand-Fuß-Hand". Der rechte Fuß spielt die *Bass Drum*, die linke Hand mit dem *Drumstick* die *Snare Drum* (wie bei Nr. 8).

Textvorschlag für die Einstudierung der Melodie in der Grundschule:
„Samstag Nacht, Sonntag Nacht, / Montag Nacht, Dienstag Nacht / haben wir alle an / dich gedacht." (Text zum Thema „Kranksein während der Klassenfahrt")

13 Heute gehen wir nach Hause

Eckart Vogel KinderStundenStücke © Fidula

Eine *C-Dur-Skala* abwärts, gefolgt von einem *synkopischen Rhythmus*. Der letzte Ton soll überraschend laut sein (*sf* = sforzato = plötzlich verstärkt). Das Hauptproblem ist erfahrungsgemäß nicht der synkopische Rhythmus des dritten Taktes, sondern es sind die gleichmäßigen acht Viertelnoten der ersten beiden Takte. Meist muss man die Kinder bremsen, weil sie schneller werden. Schnellerwerden bedeutet, dass jeder einzelne Ton immer ein kleines bisschen zu früh kommt. Dies lässt sich meist schon beim zweiten Ton einer Reihe feststellen. Wenn dieser Ton (bei uns ist es ein h') zu früh kommt, wird das Metrum bereits verlassen.

Vorschläge zur Problemlösung:

1. Bewusst machen, dass alle schneller werden: „Schon der zweite Ton ist zu früh!"

2. Leiser spielen lassen, die Kinder spielen dann automatisch auch langsamer. Dann „lauter, aber nicht schneller" werden (große Kunst!).

3. Laut zur Musik zählen.

4. Körperpercussion (dritte Notenzeile) einsetzen. Man kann auch die halbe Klasse auf Orffinstrumenten, die andere Hälfte mit Körperinstrumenten spielen lassen.

Wer will und kann, mag die 2. Stimme mit geschickten Spielern auf tiefen *Xylophonen* oder *Bassstäben* einüben. Man kann auch mit zwei Bassstäben nur die Grundtöne der angegebenen Akkorde spielen.

Wer zwei *Gitarren* einsetzen will, kann zwei zusätzliche Schüler beschäftigen. Diese spielen dann C-Dur und G-Dur alternierend (wenn G-Dur zu schwierig ist, nehme man den leicht zu greifenden E-Dur-Griff und befestige zuvor den *Capo* auf dem dritten Bund).

Die *Rhythmusstimme* kann von einer Schülergruppe übernommen werden. Es können sich auch mehrere Gruppen abwechseln: Jede Gruppe spielt dann einmal die *Melodie*, wechselt dann zum *Rhythmus* (bzw. umgekehrt).

Zusatzangebot für die Orientierungsstufe: Die *Drumset*-Stimme kann hinzugefügt werden. Diesmal brauchen wir aber zwei Musiker: Der erste spielt das Becken, der zweite Bass Drum und Snare Drum (siehe Stichwort *Drumset*, Seite 78).

 Textvorschlag für die Einstudierung der Melodie in der Grundschule:
„Heute gehen / wir nach Hause, / morgen ist wieder / Schule."
(oder: „Das war eine / schöne Party, / feiern wir gleich noch / weiter!")

14

Malzkaffee

♩ = 88

Melodie

2.Stimme

Keyboard

Bass

Dm⁷   G⁷   C⁷ʲ   F⁷ʲ

HiHat

op. cl. cl.

Hm⁷ʲ⁵⁻   E⁷   Am   Am

Eckart Vogel KinderStundenStücke © Fidula

Trotz der doppelten Taktzahl (8 Takte anstelle von 4 Takten) ist dieses Stück leicht in einer einzigen Musikstunde zu bewältigen – dies gilt jedoch nur für die *Melodie*. Was der Experte sofort als *Sequenzierung* erkennt, könnte man Schülern so vermitteln: Ein zweitaktiges Motiv (c-h-a---g---f) wird eingeübt, bis es alle können. Dann folgt der Hinweis, alles einen Ton tiefer zu spielen, also von Ton h aus. Auch das wird geübt. Anschließend erklingt nochmal alles einen Ton tiefer, also vom Ton a aus. Hier sollte man innehalten und die drei Motive hintereinander spielen, bis jeder sie kann.
Damit die Melodie ein schönes Ende hat, spielen wir am Ende die drei Abschlusstöne e-f -e.

Als nächstes könnte man die *Bassstimme* einüben, an Bassstäben (oder gar einem vollständigen Bassxylophon) oder auf dem Keyboard / Klavier. Man nimmt einen tiefen Ton d (aber nicht den tiefsten!), spielt dann eine *Quart* aufwärts (= „zwei Töne nach rechts überspringen") und eine *Quint* abwärts (= „drei Töne nach links überspringen").
Und dieses Wechselspiel wird so fortgeführt, eine Quart nach rechts, Quint nach links und das ganze noch mal. Es ergibt sich eine musikalisch und motorisch logische ‚Schaukelbewegung' der Hand. Probieren Sie es aus, auch als Nichtpianist! Es ist simpel, bringt Spaß und klingt schön. Angelangt beim Bataston e lassen wir zwei(!)mal das a folgen.
Wer glücklicher Besitzer eines *E-Basses* (mit Verstärker) ist, kann einen Schüler einweisen. Auch auf diesem Instrument ergibt sich eine sehr logische und für Laien spielbare Ton- bzw. Griff-Folge: Man zupft (und greift) nur abwechselnd auf der A- und der D-Saite des Basses, und zwar jeweils auf dem 5. Bund, auf dem 3. Bund, auf dem 2. Bund und zweimal die leere A-Saite.
Die acht *Basstöne* auf dem *E-Bass* in *Tabulatur*:

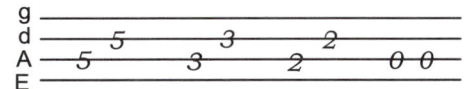

Die Akkorde sollen zwei Schüler auf dem *Keyboard* (oder *Klavier* in *Schlossnähe*) arbeitsteilig spielen:

1. Schüler f-f-e-e-d-d-c-c, also die Oberstimme

2. Schüler c-h-h-a-a-gis-a-a, also die Unterstimme.

Der Ton *gis* ist die schwarze Taste zwischen g und a, siehe im Register den Querverweis *Klaviertasten*.
Bevor alle zusammen spielen, sollten die beiden Keyboarder einmal zu zweit spielen, dann sollte man den Bass dazu nehmen, dann das HiHat (kann auch ein normales Becken sein!). Erst wenn die Rhythmusgruppe ‚steht', soll die Melodie dazukommen.

Textidee für die Einstudierung des Rhythmus in der Grundschule:
„Montags gibt es / Tee, / Dienstags Malzkaf- / fee, / Mittwochs gibt's dann / Bohnenkaf- / fee."

Alternative:
„Komm doch her zu / mir, / bleib ein bisschen / hier, / sprich doch ein paar / Worte mit / mir."

15 **Abseits!**

Die Melodie besteht nur aus einem einzigen *Motiv* (Takte 1 und 2), das in den Takten 3 und 4 auf einer anderen Tonhöhe gespielt wird: Es handelt sich hier also erneut um eine *Sequenz*. Wenn man diesen *formalen* Zusammenhang den Schülern klar macht, geht die *Einstudierung* sehr schnell vonstatten (siehe Kommentar zu Nr. 14).

Es sollte also noch Zeit übrig bleiben, z.B. für den *Bass*: vier *Bassstäbe* (in der Grundschule ist dieses Stück ungeeignet für *E-Bass*), die im *Triangel*-Rhythmus gespielt werden. *Triangeln* sollte man solistisch besetzen, mehrere Instrumente passen meist nicht zusammen. Aber das müsste man ausprobieren. Zur *Einstudierung* kann wieder die ganze Lerngruppe als Unterstützung herangezogen werden.

Wer einen begabten Schüler in der Klasse hat, kann die 2. Stimme mitspielen lassen (siehe Stichwort *Einstudierung*). In der Orientierungsstufe lässt sich diese auch mit einem Teil der Klasse musizieren. Für die *Blockflöte* ist die 2. Stimme relativ schwer zu spielen: Bereits der erste Ton e'' wird *überblasen*, die Melodie endet mit einer Tonfolge bis zum f'', was eine sichere Beherrschung des Instruments verlangt.

Die Musizierenden der 2. Stimme sollte man darauf hinweisen, dass im Takt 2 eine einfache *Tonleiter* abwärts gespielt wird, im 4. Takt jedoch einmal ein *Terzsprung* in der Melodie vorkommt.

Wenn die *Bassspieler* schleppen, spielt die Lehrkraft auf dem Klavier (oder auf der Gitarre) die *Akkorde* im *Bassrhythmus* mit.

Denkbar wäre auch, dass auf dem *Becken* sechs *Achtel* pro Takt gespielt werden.

 Textvorschlag zur Einstudierung des Rhythmus in der Grundschule:
„Gehen wir rüber zum / Tor, / warten gemütlich da- / vor!"
(Kategorie Sport-Scherze: Natürlich wird heute fast in allen Spielen ‚Abseits' gepfiffen.)

  Eckart Vogel KinderStundenStücke © Fidula

Walzer tanzen

Die Melodie ist nicht ganz einfach, dennoch kam sie bisher in den ‚Versuchsklassen' immer gut an. Zuerst üben wir gemeinsam die Takte 2 und 4. Diese Methode (zuerst das Schwierige, dann das Einfachere) ist oft sinnvoll. Man muss also nicht immer jedes Stück von vorne nach hinten einstudieren.

Die Takte 1 und 3 sind identisch und sehr einfach, besonders wenn man mit zwei Schlägeln spielen lässt (siehe dazu das Stichwort *Beidhändigkeit*). Bei dieser Gelegenheit weisen selbstbewusste Linkshänder gerne darauf hin, dass sie lieber andersrum spielen würden. Das ist hier aber unmöglich, außerdem nicht sinnvoll, weil auch Linkshänder beide Gehirnhälften aktivieren sollen (oft spielen sie auf der Gitarre wie Rechtshänder, weil beide Hände gleich wichtig sind).

Der *Bass* kann auf zwei *Bassstäben* dargestellt werden. Wer unbedingt einen *E-Bass* einsetzen will, kann den Ton g ganz weglassen (so wie es die Gitarrenakkorde anzeigen), also nur einen Ton c pro Takt als *punktierte Halbe* aushalten.

Die 2. Stimme ist sehr melodisch, sie hat einen *Rhythmus*, der *wiederholt* wird. Vielleicht kann man sie begabten Schüler vorher zum *Üben* mit nach Hause geben (CD/Kassette und Noten). Selbst bei Schüler mit privatem Instrumentalunterricht ist das Abspielen des *Rhythmus* vom Blatt ein Problem (zur Gretchenfrage *Notenlehre* siehe Stichwort), während es mit der *Tonhöhe* meist sofort klappt.

Das *Schlagwerk* sollte, wie angegeben, sehr schlicht und möglichst leise sein. Ein derber Einsatz von *Basstrommel* und *Snare Drum* (auch diese Erfahrung wurde gemacht) kann alles zerstören. Die Abkürzung „op." steht für „open", wer eine HiHat besitzt, schlägt es im geöffneten Zustand an. Dementsprechend steht „cl." für „closed", also die geschlossene HiHat (siehe Seite 78).

Man mag sich wundern: Aber gerade bei diesem Stück kam öfter der Vorschlag, es mal aufzuführen: eine schöne Bestätigung der StundenStück-Idee, aber unrealistisch.

 Textvorschlag zur Einstudierung:
„Tanzen wollen wir / Walzer jetzt, / uns're Lehrerin / guckt entsetzt."

Spiel doch los!

$\quad$ = 98

Melodie

Keyboard

Blockflöte

oder Triller

Bass

Am $\quad$ D/A $\quad$ Am $\quad$ D/A $\quad$ Am $\quad$ D/A $\quad$ Am $\quad$ D/A

Drums

Becken

B.Dr. Sn.Dr.

Eckart Vogel KinderStundenStücke © Fidula

Es handelt sich um Rock-Melodik in allereinfachster Form. Die *Melodie* steigert sich: zuerst nur a-a-c, später a-a-c-d und ganz am Ende noch höher, a-a-c-e-e. Im zweiten Takt findet sich eine stiltypische *Synkope*.

Die weiteren Stimmen:
Der *Bass* (dieses Stück eignet sich auch für einen *E-Bass*, ansonsten *Bassstäbe* verwenden) spielt den gleichen *Rhythmus* wie das *Keyboard*: Also kann man diese beiden Stimmen gemeinsam üben. Man sollte hier darauf hinweisen, dass man beim Spielen aufeinander hören muss! Schüler spielen oft für sich alleine und nehmen nichts um sich herum wahr.
Die *Keyboard*-Stimme klingt besonders schön, wenn sie mit *E-Orgel*-Klang gespielt wird (z.B. *Hammond*-Sound). Auch auf *Stabspielen* lässt sich der prägnante Rhythmus sehr schön darstellen.
Die *Akkordsymbole* (über den *Basstönen*) bedeuten:
Am = *a-Moll*, D/A = Gitarrenakkord *D-Dur*, *Basston* aber A. Das heißt, der Bass spielt bei diesem Stück immer nur den Ton A.
Die *Drumset*-Stimme wird auf drei *Schlagzeugteilen* gespielt: Das *Becken* (wer mehrere davon hat, nehme das *Ride-Becken*), die *Bass Drum* und die *Snare Drum*. Auf zwei Spieler verteilt, spielt ein Schüler abwechselnd Fuß, Hand, Fuß, Hand (auf *Bass Drum* und *Snare Drum*), während der andere Schüler die *Achtel* auf dem *Becken* spielt. Wenn das zu schwierig ist, genügen auch *Viertel* auf dem Becken.
Für die *Flötenstimme* werden nur zwei der leichtesten Flötentöne benötigt: a und c, es ändert sich nur **ein** Finger. Sogar der *Triller* am Ende ist von Flöten-Laien sofort spielbar!
Wenn man eine *E-Gitarre* hätte, könnte man die *Flötenstimme* auch damit spielen lassen.
Man kann natürlich auch dieses Stück reduzieren auf die Elemente *Melodie* (Schüler) und *Akkorde* (also *Gitarren-* oder *Klavierspiel* des Lehrers), z.B. bei Zeitknappheit. Aber es klingt eben schöner mit *Drumset*, mit *Bass*, mit *Keyboard* und *Blockflöte*.

Textvorschlag zur Einstudierung des Rhythmus in der Grundschule:
„Spiel doch los, spiel doch los, / spiel doch schon los mit mir, /
's ist ganz leicht, sind nur vier / Töne!"

Alternative:
„Jeden Tag, ohne Klag / spielen wir Rockmusik, / wann wird man uns mal ent- / decken?"

18

Der Fünfer

♩ = 104

Melodie

2.Stimme

Bass

Drums

(chord symbols: C · Am · Dm · G)

Becken · Sn.Dr. · B.Dr.

Eckart Vogel KinderStundenStücke © Fidula

Der *Fünfvierteltakt* ist für Schüler meist nicht so schwer zu realisieren wie oft angenommen wird, vor allem mit folgendem Einstudierungs-Spruch:

 „Fünf ist 'ne schöne / Zahl! / Üben wir's alle / mal!"

Man sollte vielleicht eine kleine *Stuhlkreisphase* vorschalten (siehe unten).

Die angebotene 2. Stimme kann übrigens das Spielen der ersten Stimme sehr erleichtern. Sie sorgt nämlich während der Pause in den Takten 2 und 4 für eine gleichmäßige Viertelbewegung. Am besten: Ausprobieren!

Es kann übrigens passieren, dass bei Ermüdungserscheinungen und im Falle, dass alle denken, sie beherrschten jetzt den ungewohnten Rhythmus, Rückfälle in Vierertakte stattfinden. Hier muss sofort fröhlich abgebrochen und neu begonnen werden – fröhlich, weil ja keiner absichtlich verkehrt spielt, sondern weil wir ‚reingefallen' sind!

Wer Zeit für die *Bassstimme* hat (und Spieler, die sie spielen können), sollte vier *Bassstäbe* verwenden. In der Grundschule ist die Basslinie nicht *E-Bass*-tauglich.

Vorschlag für Vorübungen ohne Instrumente, z.B. im Stuhlkreis:

1. Wir beginnen mit Bekanntem: ⁴⁄₄-Takte und ³⁄₄-Takte (siehe Übungsreihen Seite 54 ff.)

2. Übergangslos wechseln wir über zu Fünfer- und Sechsertakten. Es genügt, wenn man im Puls der Musik (also in gleichmäßigem Tempo) bis 5 bzw. 6 zählt, dabei die Zählzeit 1 besonders laut *patscht*.

3. Dann könnte man sich den Fünfertakt etwas genauer vornehmen: zuerst nur die 1 betonen, nachher die 1 und die 4. Dadurch wird der ungewohnte Fünfertakt unterteilt in die bekannten *Dreier-* und *Zweierelemente*: 1 2 3 4 5 1 2 3 4 5.

4. Wer besonderen Ehrgeiz hat, kann etwas üben, was in diesem Spielstück zwar nicht gebraucht, wodurch aber die Selbstverständlichkeit des Zählens bis 5 gefördert wird: Man macht aus einem der fünf Viertel einfach zwei Achtel, das Achtel wird laut gezählt als „und". Lehrer zuerst, Schüler wiederholen den Takt.

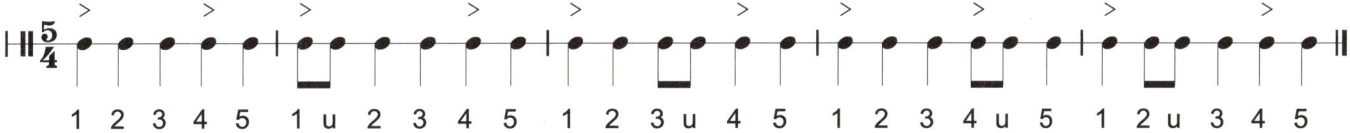

1 2 3 4 5   1 u 2 3 4 5   1 2 3 u 4 5   1 2 3 4 u 5   1 2 u 3 4 5

Hilfreich kann es sein, wenn der Lehrer eine gespreizte Hand hoch hält und die fünf Zählzeiten an seiner Hand sichtbar abzählt. Zählzeit 1 ist der Daumen.

Fünfertakte sind in der deutschen Musik selten zu finden (z.B. „Prinz Eugen, der edle Ritter"). In der griechischen, türkischen und bulgarischen Musik sind sie sehr häufig. Auch im Jazz und in etwas ausgefallener Rockmusik findet man sie manchmal. Bekannt ist auch der Fünfertakt aus Tschaikowskys 6. Symphonie.

19

Mozart am Telefon
Improvisationsmodell 1 (Latin)

♩ = 96

Melodie

Keyboard

Bass

Am   Am   Am   Am

Klatsch

Percussion

Patsch

Eckart Vogel KinderStundenStücke © Fidula

Zum Thema (Tutti-Riff):

Damit viel Zeit für die Improvisation bleibt, ist das *Tutti-Thema* sehr einfach: ein einfacher Tonleiterausschnitt in gleichen Notenwerten, Mitte und Ende sind mit halben Noten markiert.

Auch die *Harmonik* ist die allereinfachste: Ein einziger *Akkord* (a-Moll) passt zur gesamten Melodie.

Der *Bass* kann wieder auf Bassstäben, auf dem E-Bass, aber auch auf zwei gestimmten Pauken, auf dem Kontrabass (leere Saiten a und e!) oder mit tiefen Klaviertönen gespielt werden.

Die Akkordtöne werden auf Metallophonen oder einem Keyboard dargestellt. Die Rhythmusgruppe (hier Bass, Akkordtöne, Percussion) spielt immer, sowohl zum Tutti-Teil der ganzen Klasse als auch zu den improvisierten Soli.

Eine oder mehrere Gitarren können ebenfalls eingesetzt werden. Zu greifen ist nur ein einziger Akkord: a-Moll.

 Textidee zur Einstudierung der Melodie in der Grundschule:
„Mozart sitzt am / Telefon, / wartet auf den / Klingelton."

Zur Improvisation (jede *Improvisation* geht über vier Takte):
Vorgaben:

- alle Töne der Tonleiter sind erlaubt, oder
- nur a-c-d, oder
- Töne a-h-c-d-e (wie Tonvorrat der Melodie), oder
- alle Töne außer f und h (ergibt pentatonische Reihe).
- Rhythmus vorgeben (z.B. aus einem anderen KinderStundenStück), oder
- jeder verwendet nur den Rhythmus seines Lieblingsfaches, seines Lieblingslehrers, einer Süßigkeit, seines Lieblingstieres, ...
- Das Solo beginnt bei a' und hört bei e'' auf.

Weitere ‚Spielregeln' selber ausdenken (siehe auch Seite 30 und 85, 86)!
Natürlich können Schüler, die sich ‚frei' gespielt haben, ohne solche Hilfen auskommen, also ganz frei improvisieren. Ob sie sich trauen, hängt von der Atmosphäre ab (also vor allem vom Lehrerverhalten).
Lehrkraft oder Schlagzeuger können am Ende des vierten Taktes (z.B. auf die Zählzeit 4) ein Zeichen geben (z.B. einen Triangelton), damit alle wissen, dass jetzt ein neuer Abschnitt folgt. Dieses Zeichen geben übrigens alle guten Schlagzeuger im Rock- und Jazzbereich, sobald improvisiert wird.
Weitere Hinweise zur *Improvisation*: siehe Sachregister.

20

Besuch der Tante
Improvisationsmodell 2 (Latin)

Eckart Vogel KinderStundenStücke © Fidula

Zum Thema (Tutti-Riff):

Die Melodie ist *pentatonisch*, wer will, kann die Töne f und h markieren oder herausnehmen, um die Spielbarkeit zu erleichtern.

Die Rhythmusgruppe (Keyboard, Bass, Becken) spielt immer: wenn alle das *Thema* (die Melodie) spielen und wenn einzelne Schüler improvisieren.

 Textidee für die Einstudierung des Rhythmus in der Grundschule:
„Meine Tante / kommt zu Besuch, / schenkt mir sicher / wieder ein Buch."

Idee für ein kleines Arrangement (siehe auch Seite 64):

- Bass beginnt (4 Takte solo)
- dann Keyboard dazu
- dann Bongos dazu: Jetzt steht die Rhythmusgruppe.
- Alle spielen das Thema.
- Solo 1, Solo 2, Solo 3 usw.
- Alle spielen das Thema.

Der Ablauf kann auch improvisiert werden, der Lehrer hält dann z.B. *Ereigniskarten* hoch, auf denen *Tutti*, *Bass-Solo*, *Solo*, etc. steht (siehe Stichwort *Basteln* für *Musiklehrer*, Seite 69 f.).

Zur Improvisation:

Das Solo ist immer vier Takte lang und besitzt als Tonvorrat die sechs Melodietöne.
Vorgaben:

1. Nur Viertelnoten (und Bogen auf-ab-auf).
2. Nur Viertelnoten, bekanntes Liedzitat eingebaut.
3. Spiel mit nur zwei Tönen.
4. Wir verwenden den Rhythmus des Themas, spielen aber andere Töne.
5. Wir verwenden mehrfach einen vorgegebenen Rhythmusbaustein (siehe Seite 54 ff.).
6. Ein 3-Ton-Motiv wird sequenziert.
7. Ein Motiv wird wiederholt, der letzte Ton aber verändert (immer größere Sprünge).
8. Gegensatz: zuerst lange Töne, dann kürzere Töne.
9. Ein 3-Ton-Motiv wird gespielt, dann ‚umgekehrt'.
10. Kontrast bewegt-ruhig oder schnell-langsam.
11. Jeder spielt den Rhythmus seines Namens (oder den seines Freundes).
12. Zuerst Sprünge, dann eine Linie.
13. Kontrast hoch-tief.
14. Ein Motiv wird 3-mal wiederholt, dann kommt etwas anderes.

Beispiele für Ergebnisse dieser 14 Vorgaben finden sich auf der nächsten Seite.

Besuch der Tante
14 Solo-Ideen

Eckart Vogel KinderStundenStücke © Fidula

Spät zu Bett

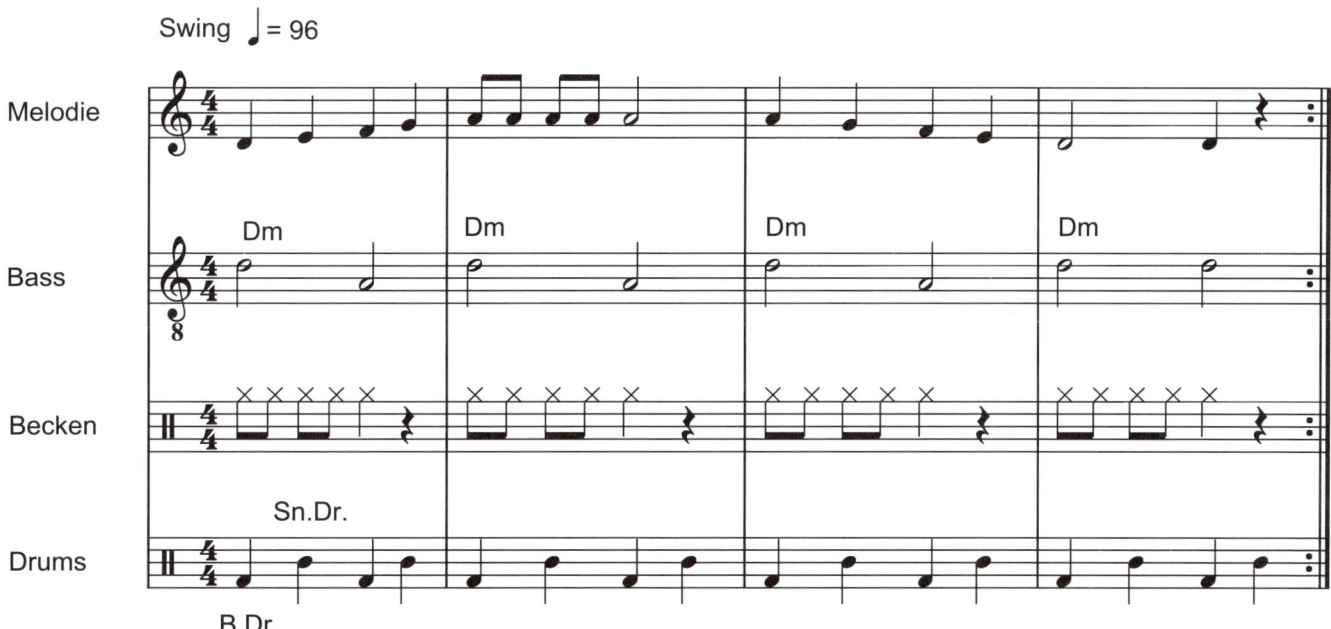

Wie schon im Vorwort erwähnt, beginnt nun ein zweiter Lehrgang. Dieses und die folgenden Stücke sind also sehr leicht. Wenn Sie mit dem Begriff *Swing* nichts anfangen können, lesen Sie bitte zuerst unter dem entsprechenden Stichwort nach (Seite 105).

Die Takte 1, 3 und 4 enthalten normale *Viertel* bzw. *halbe Noten*. Nur im zweiten Takt findet sich ein *Swing-Rhythmus* (vgl. Hörbeispiel auf der CD).

Die Schüler spielen zunächst nur die Melodie, der Lehrer begleitet auf einem *Akkordinstrument* (wenn möglich im Swing-Rhythmus). In geübten Musizierklassen kann ein Schüler die Bassstimme auf *Bass-stäben* spielen. Wer gut ausgestattet ist, kann die Bassstäbe auch oktaviert spielen.

Als Alternative lässt sich auch ein *E-Bass* einsetzen, denn die Töne D und A sind *leere Saiten*. Bevor ein zweiter Basston gespielt wird, muss der erste Basston abgedämpft worden sein: Es darf immer nur **eine** Saite schwingen!

Wer rhythmisch sichere Schüler hat (die Auswahl solcher Schüler kann in einer *Stuhlkreis*-Stunde erfolgen), kann den Swing auf dem *Becken* spielen lassen.

Und wer gar noch ein *Drumset* zur Verfügung hat, kann *Basstrommel (Bass Drum)* und Trommel *(Snare Drum)* einsetzen. Kommando: „Fuß-Hand-Fuß-Hand ..."

 Textvorschlag zur Einstudierung des Melodierhythmus in der Grundschule:
„Geh'n wir heute / alle spät zu Bett, / sind wir morgen / müde."

In klassischer Notation sähen die beiden Stimmen, die Swingrhythmen enthalten, so aus:

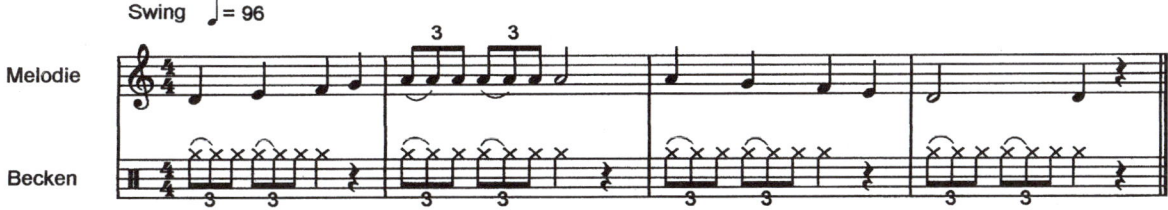

Und wenn die Klasse große Schwierigkeiten mit den Rhythmen hat, führen Sie einfach einige *Stuhlkreis-übungen* durch (Seite 57 ff.). Das bereitet viel Freude und ist außerdem lehrreich. Mit Hilfe der CD können Sie übrigens auch alleine und natürlich gemeinsam mit den Kindern üben.

Hexenmenü-Swing

Swing ♩ = 96

Melodie

2.Stimme

Akkorde

C · Dm · Em · F · Em · Dm · C · C

Bass

Becken

Die Schüler spielen zunächst nur die *Melodie*, der Lehrer begleitet auf einem *Akkordinstrument* (wenn möglich im *Swing-Rhythmus*).

Wenn die Melodie ‚steht', können einige Schüler auf *Metallophonen* die *Akkorde* spielen. Ausgehend vom *Dreiklang* c-e-g (also immer dem übernächsten Ton der Tonleiter) *rückt* man dann den *Akkord* Ton für Ton höher, bis die linke Hand f spielt, dann geht's wieder zurück bis zum Grundton c. Der Dreiklang kann so gespielt werden: linke Hand Ton c, rechte Hand hält zwei *Schlägel (Gabelgriff)* und spielt e und g. Alle drei Töne sollen zugleich erklingen. Bereits jetzt kann ohne Unterstützung des Lehrers musiziert werden. Wer noch Kapazitäten übrig hat, kann den Bass auf vier *Bassstäben* spielen lassen, der Einsatz eines E-Basses ist in der Grundschule nicht empfehlenswert (vier verschiedene *Tonleitertöne*!).

Die *Beckenstimme* übernimmt ein begabter Schüler oder die Lehrkraft.

Wenn der *Swing-Rhythmus* wackelt, sollte man mal eine *Stuhlkreisübung* mit der ganzen Klasse durchführen, wobei das Allerwichtigste wäre, dass die Lehrkraft selber rhythmisch sicher ist.

 Ein Textvorschlag (in Anlehnung an entsprechende Kinderlieder) zur Einstudierung:
„Spinnennetz, Hühnerdreck, / Schlangenkopf, / Fliegenbein, Rattenschwanz / in den Topf!"

Die eingeklammerten Textstellen des unten abgedruckten Hilfstextes beziehen sich auf die *zweite Stimme*, die hier – im Gegensatz zu den anderen Stücken – **nicht** wegfallen kann: Die *Melodie* ist nämlich auf zwei Stimmen verteilt.

Vorschlag: Zuerst mit einer Schülergruppe die 2. Stimme einüben, dann spielt der Lehrer die 1. Stimme und übt die Einsätze der 2. Stimme. Anschließend übt die Mehrheit der Klasse die 1. Stimme ein, bevor die beiden Stimmen sich abwechseln.

Wer Kräfte frei hat, kann den Bass auf *Bassstäben* (oder *E-Bass*) mitspielen lassen. Während der kompletten *Einstudierung*sphase können alle jeweils unbeschäftigten Schüler die *Rhythmusstimme* (vierte Zeile) patschen und klatschen. Das ergibt auch einen schönen *Back Beat (After Beat)*, also eine *Betonung* der *Zählzeiten* 2 und 4 (siehe auch Spielstück Nr. 2).

Glückliche Besitzer eines *Drumsets* lassen die vierte Notenzeile auf demselben mitspielen:
Patsch = Bass Drum (Zählzeiten 1 und 3), Klatsch = Snare Drum (Zählzeiten 2 und 4).
Für den Schlagzeuger ergibt sich ein regelmäßiger Wechsel von rechtem Fuß und linker Hand.

 Textvorschlag zur Einstudierung:
„Alle wollen heute / (baden gehn), / denn heut scheint die Sonne / (allzu schön)."

Fünfmal Mallorca

24

Swing ♩ = 96

Melodie

Blockflöte

Bass

Becken

Ein einziges *rhythmisches Motiv* wird auf verschiedenen Tonhöhen gespielt:

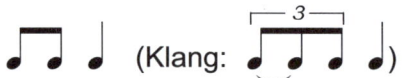 (Klang: 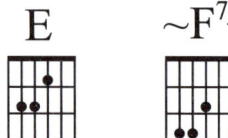)

Diese Etüde ist also sehr einfach.

Der letzte *Takt* hat einen anderen *Rhythmus*, er rundet die Melodie ab.

Die Blockflötenstimme klingt sehr schön dazu, der hohe Ton e'' entsteht durch Überblasen, ist also nicht ganz einfach zu spielen. Die Stimme kann natürlich auch auf anderen Instrumenten gespielt werden, z.B. auf *Akkordeon*, *Keyboard* oder *Klavier*, sie kann aber auch – es muss eben immer wieder gesagt werden – wegfallen.

Die Akkordverbindung E und F⁷ʲ erscheint zunächst ungewöhnlich, ist aber sehr leicht realisierbar (auch für Nicht-Gitarristen), da sie leicht zu greifen ist und zudem schön klingt. Dass der 2. Akkord einen so seltsamen Namen hat, braucht uns nicht zu stören (siehe Stichwort *Akkorde*).

Auf der *Gitarre* braucht man für beide *Akkorde* nur den Griff *E-Dur*, der um einen Bund nach oben verschoben wird:

E   ~F⁷ʲ

Der entstehende *Akkord* (er entspricht etwa *F major seven*, abgekürzt *F⁷ʲ*) klingt wunderbar spanisch und ist sehr leicht zu greifen. Dieser Reizklang wird auch von Flamencogitarristen häufig verwendet.

 Textvorschlag zur Einstudierung des Rhythmus:
„Erstes Mal, zweites Mal, / drittes Mal, viertes Mal, / fünftes Mal geht's nach Mal- / lorca."
(Aussprache: Ma – ior – ka, die beiden l werden wie i gesprochen.)

Eckart Vogel KinderStundenStücke © Fidula

Tanz, mein Brüderchen

Swing ♩ = 96

Melodie · Bass · Becken

C · F · G · C

Eine empfehlenswerte Vorübung: Man spielt mit den Kindern *gebrochene Dreiklänge* über c, über d, über e usw., damit alle Schüler merken, wie einfach das ist. *Dreiklänge* sind Akkorde. Wenn man die *Dreiklangstöne* nicht zugleich, sondern nacheinander spielt, entstehen gebrochene Dreiklänge.
Also: Man spielt einen Ton, dann den übernächsten, davon noch mal den übernächsten:

Akkord über C   gebrochener Akkord über C
(3 Töne zugleich)   (3 Töne nacheinander)

Sehen Sie sich daraufhin den ersten Takt der Melodie unseres kleinen Spielstücks an: Er enthält den *gebrochenen C-Dur-Akkord.* Der zweite Takt enthält den *gebrochenen F-Dur-Akkord.*
Die folgenden Takte 3 und 4 enthalten nur eine *Abwärtsskala* (Tonleiter abwärts).

Wenn Zeit ist, kann die *Bassstimme* von einem Schüler auf drei *Bassstäben* gespielt werden. Es empfiehlt sich, die *Akkorde* im *Bassrhythmus* (in diesem Falle also in *Halben*) mitzuspielen (siehe dazu auch das Stichwort *Einstudierung*).
Der Einsatz des *E-Basses* empfiehlt sich nur bei geschickten Spielern ab der 5./6.Klasse. Die drei Basstöne liegen auf drei benachbarten Saiten, immer auf dem dritten Bund (siehe Stichwort *E-Bass*, Seite 80).

 Vorschlag für die Einstudierung des Rhythmus:
„Tanz, mein Brüderchen, / tanz, mein Schwesterchen, / tanzen wir die / Straße hinab.“

Schöne Töne

Die Takte 1 und 2 enthalten mehrere *Swing-Achtel*, der Rest ist bekannt aus den bisherigen Etüden. Die meisten Schulklassen werden seltsamerweise im dritten Takt schneller. Wahrscheinlich fällt es den Kindern schwer, von den ‚hüpfenden' *Swing-Achteln* der ersten beiden Takte zurückzukehren zum normalen *Beat*, zum *Puls* der Musik. Für Erwachsene ist das kein Problem, da sie als geübte Musiker den Puls auch während des *Triolen*-Spiels im Kopf haben, bei Kindern scheint das nicht der Fall zu sein. Man muss also besonders im dritten Takt das Hören, das Zuhören, das Aufeinanderhören üben!

Die (weglassbare) *Blockflötenstimme* bildet eine schöne Linie. Sie ist durch Ergänzung der *Akkorde* entstanden und entspricht zufällig dem Anfang eines modernen Kirchenliedes.

Die *Bassstimme* kann wieder von einem rhythmisch sicheren Schüler übernommen werden *(Bassstäbe)*. Wie an den Basstönen abzulesen ist, handelt es sich um eine *Zwei-Fünf-Eins-Kadenz*, die man in populärer Musik häufig antrifft (siehe auch Seite 62).

Und wieder ein Zusatzangebot für die Orientierungsstufe: das Drumset. Wir brauchen diesmal wieder zwei Musiker: Der erste spielt das Becken, der zweite Bass Drum und Snare Drum (siehe Stichwort *Drumset*).

Textvorschlag zur Einstudierung:
„Schöne Töne spiel ich euch, / hüpfend komm ich näher euch, / dann geht's in den / Keller."

Hoch und runter

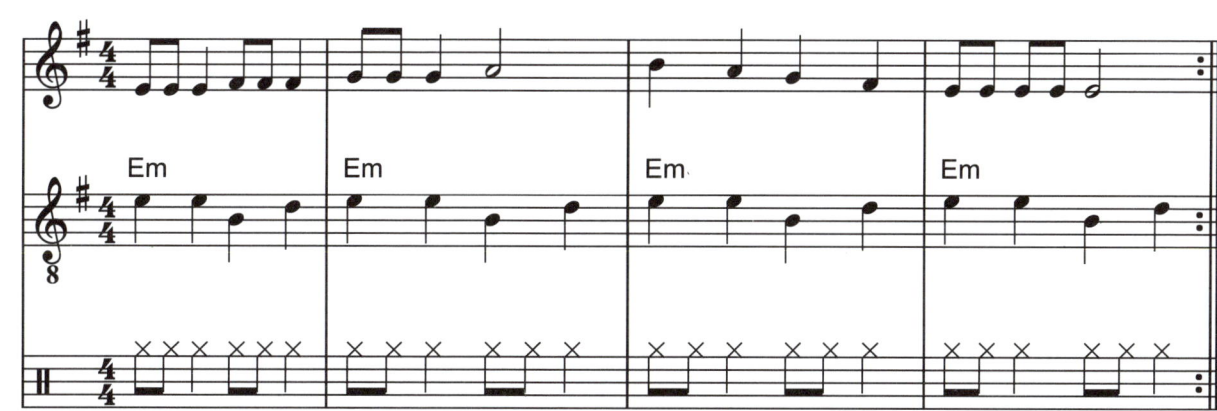

Die Melodie ordnet kleine *Motive* aus den bisherigen Swing-Etüden neu an, enthält also eigentlich nichts Neues. Eine neue Melodie entsteht, die neue Reize, aber auch neue Schwierigkeiten hat. Bitte beachten: Alle Töne f müssen durch fis ersetzt werden.

Vorsicht ist im dritten Takt geboten, da erfahrungsgemäß zu schnell gespielt wird. Die Kinder ‚laufen' dann, und man muss sie abbremsen. Standardspruch: „Musizieren ist kein Wettlauf."

Bei diesem Spielstück bietet sich eine schöne Gelegenheit, einen der einfachsten *Gitarrenakkorde*, e-Moll, dazu zu spielen (Schüler oder Lehrer).

Der Akkord in der Griffschrift *(Tabulatur)*:

In klassischer *Gitarren*notation sieht er reichlich kompliziert aus:

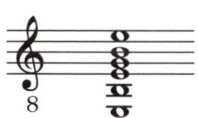

Mit den drei *Basstönen* e, h und d lässt sich die Melodie gut begleiten. Es handelt sich um einen sog. *Ostinato*, eine sich ‚hartnäckig' wiederholende *Bassfigur*. Ostinati sind meist einfach zu spielen und musikalisch sehr reizvoll. Wer anstelle der Bassstäbe einen *E-Bass* einsetzt, kann bei entstehenden Problemen die *Bassstimme* vereinfachen, z.B. immer nur den Ton e spielen lassen.

Textvorschlag zur Einstudierung:
„Hüpfen wir, tanzen wir, / springen wir hoch, / gehen dann hin- / unter in den Hof."

Diesmal nach Spanien

Für die Mehrheit der Schüler ist wieder nur die *Melodiezeile* gedacht. Sie besteht aus nur zwei rhythmischen Elementen den vier *Vierteln* der Takte 1 und 3 sowie der *Swing-Rhythmik* der Takte 2 und 4.

Takt 1 besteht aus einem *gebrochenen Akkord* (siehe Kommentar zu Nr. 25) a-Moll, Takt 3 auf 4 enthält einen einfachen *Tonleiterabschnitt*, so dass dieses Spielstückchen keine Schwierigkeiten bereiten dürfte. Dass es trotzdem ganz schön klingt, liegt sicher auch an der besonderen *Kadenz*, einer *Flamenco-Kadenz*, die sich ergibt, wenn man *Bass-* und *Akkordstimme* (in diesem Fall also die 2. Stimme) gleichzeitig spielen lässt.

Die *Bassstimme* sollte auf vier *Bassstäben* gespielt werden. Die 2. Stimme enthält den Ton gis statt g. Wenn dieser Ton bei keinem Ihrer *Orff-Instrumente* vorhanden ist, kann diese Stimme auch mit Hilfe eines einfaches *Keyboards* oder eines *Akkordeons* realisiert werden. (Auch der Ton g statt gis am Ende klingt nicht schlecht, dann muss die Lehrkraft aber ggf. am Klavier auch im letzten Takt *e-Moll* spielen.)

Noch ein Wort zur Akkordfolge: In der klassischen Musiktheorie spricht man bei dieser Art von Akkordfolge von einer *Rückung*. Bei klassischen Tonsätzen vermeidet man z.B. Parallelführungen von *Oktaven* oder *Quinten*, in volkstümlicher Musik (auch bedingt durch die Grifftechnik der Gitarre) sind diese Parallelen oft ein typisches Stilmerkmal.

Wenn einzelne Schüler mal die Melodie alleine spielen (als kleines *Solo*), muss die *Rhythmusgruppe* (hier *Akkorde, Bass, Becken*) leiser musizieren (siehe auch Stichwort *Arrangements*, Seite 64).

In der Orientierungsstufe kann wieder ein zweiter Schüler die Drums-Stimme dazu spielen (siehe Stichwort *Drumset*).

 Texthilfe zur Einstudierung des Rhythmus:
„Komm, wir fahr'n nach / Spanien dies' Jahr, / weil es hier so / schlechtes Wetter war."

 Eckart Vogel *KinderStundenStücke* © Fidula

Meine Oma

Es gibt auch zur Swing-Rhythmik Übungen im Dreivierteltakt (Seite 57). Man könnte also vorher mit der ganzen Klasse im Stehen oder im Stuhlkreis das Gefühl für den ¾-Takt stärken. Dieses gemeinsame ‚Einschwingen‘ ist lehrreich und erzeugt ein schönes Gefühl von Gemeinsamkeit.

Die Melodie ist vom *Rhythmus* und vom *Tonumfang* her sehr einfach: Das rhythmische Motiv der ersten beiden Takte wird in den anderen beiden Takten *wiederholt*.

Wieder ist eine winzige neue Schwierigkeit in der Melodie enthalten, die zu spieltechnischen Problemen führen kann: Denn während bisher der *Swing-Rhythmus* meist auf *Tonwiederholungen* oder *Tonleiterabschnitten* lag, findet er sich hier in einer anderen Position. Schwierig dürften daher werden: Übergang Takt 1 auf Takt 2 und Übergang von Takt 3 auf Takt 4. Alle anderen kurzen ‚Swing-Abstände‘ (siehe Stichwort *Swing*) liegen zwischen Tonwiederholungen.

Trotzdem ist die Melodie in der Grundschule zu bewältigen. Schwieriger wird es, wenn die schnellen Wechsel zwischen größeren Intervallen liegen (siehe *SwingStundenStücke*).

Die 2. Stimme ist wichtig wegen der *Harmonie*, sie muss wohl auf einem *Keyboard* realisiert werden, da f **und** fis benötigt werden. Alternativ: Wer mit einfachen *Stabspielen* arbeiten will, muss diese umbauen:

- d raus, e an dessen Stelle
- f an die ehemalige e-Position
- dann fis an die ehemalige f-Position.

In der Grundschule muss vom Einsatz des *E-Basses* abgeraten werden, auf *Bassstäben* ist die Stimme problemlos spielbar.

Wer das *Drumset* in der vorgeschlagenen Weise benutzen will, setze zwei Spieler ein:

1. Spieler – *Becken* (der Beckenrhythmus entspricht dem Melodierhythmus des 1. Taktes)

2. Spieler – Fuß-Hand-Fuß-Hand (auf *Bass Drum* und *Snare Drum*)

 Textvorschlag zur Einstudierung des Melodierhythmus:
„Oma geht in den / Hühnerstall, / spielt dort rum mit dem / Gummiball.“

Helgoland

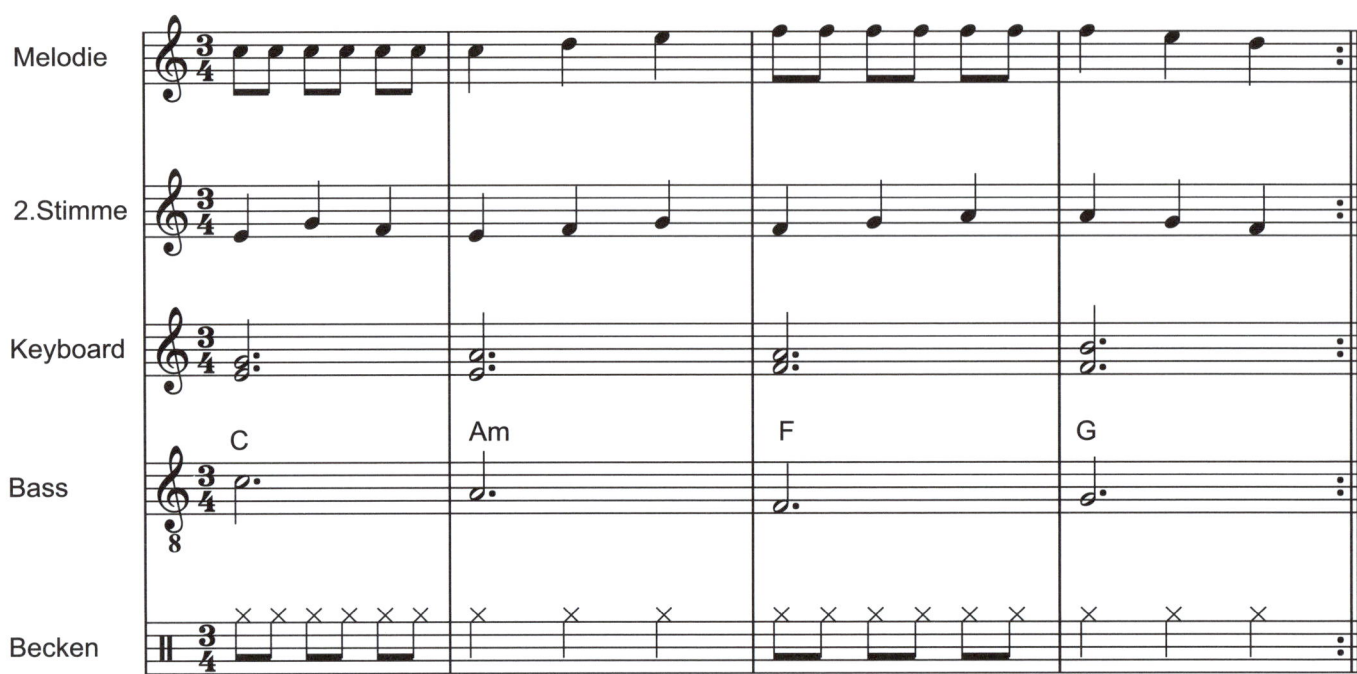

Die Melodie hat einen *Ambitus* von nur vier Tönen, sie besteht außerdem lediglich aus *Tonwieder-holungen* oder *Tonleiterschritten*, ist also sehr leicht umzusetzen. Bei der *Einstudierung* müssen die Kinder meist darauf hingewiesen werden, dass der Ton c im ersten Takt sechs Mal vorkommt, im zweiten Takt noch einmal. Formal handelt es sich in den Takten 3 und 4 um eine *Umkehrung* der Takte 1 und 2: Einmal spielt man nach oben, einmal nach unten. Da diese Stimme sehr einfach ist, kann jeder Schüler sie ein-mal alleine vorspielen, bevor gemeinsam musiziert wird. Dies sollte man ohnehin ab und zu einmal machen: Man glaubt ja nicht, welche Spielfehler sich im *Ensemblespiel* manchmal verstecken!

Wegen der Lage und des geringen *Tonumfangs* kann die Melodie auch mal eine *Oktave* tiefer gespielt werden. Dann liegt die *zweite Stimme* darüber. Probieren Sie es aus, es ist ein interessanter Effekt! Außerdem kann man dann schön erklären, was „eine Oktave tiefer" bedeutet.

Sicherlich bleibt Zeit für die 2. Stimme, die von einer kleinen Schülergruppe übernommen werden soll. Diese Stimme ist etwas schwieriger, aber ebenfalls sehr einfach. Das *Zusammenspiel* dieser beiden Stimmen muss geübt werden: Man muss aufeinander hören beim Spielen. Für die Musikanten der 2. Stimme kann der etwas abweichende Rhythmus (ohne Swing!) im Zusammenspiel zunächst ein Problem sein.

Die *Akkordfolge* ist in der Popmusik (seit dem Rock 'n' Roll) sehr verbreitet, sie wird von den Kindern hier bewusst erlebt.

Der Bass wird auf vier *Bassstäben* gespielt, auf dem *E-Bass* ist sie ab Klasse 5/6 von ‚Experten' durchaus spielbar.

 Textvorschlag zur Einstudierung des Melodierhythmus:
„Fahr'n wir wieder mal nach / Helgoland, / tummeln wir uns dort am / Badestrand."

Komm doch rüber

Dieses Spielstück ist auch wieder sehr einfach zu spielen, enthält aber durch einige Besonderheiten einen starken Jazz-Einschlag:

1. Die Akkorde, die durch das Zusammenspiel von *Keyboard* und *Bass* (bzw. durch die Klavier- oder Gitarrenbegleitung des Lehrers) entstehen, sind *Vierklänge*, wie sie im Jazz verwendet werden (siehe Stichwort *Akkorde*).

2. Die in der Melodie enthaltene *Rhythmik* verstärkt den *Jazz-Groove*, da die letzten Töne der Takte 1 und 3 eigentlich *vorgezogene Töne* der Takte 2 und 4 sind. Das heißt, der Ton, den man als europäischer Normalhörer auf die Zählzeit 1 des folgenden Taktes erwartet, kommt früher. Probieren Sie es aus, hören Sie sich die CD dazu an: Mit einer einfachen Methode entsteht hier ein erstaunlicher Effekt.

Was die *Einstudierung* der Melodie zusätzlich erleichtert, ist ihre *Form*: Das *Motiv*, das in den ersten beiden Takten aufwärts gespielt wird, ist in den beiden Folgetakten *gespiegelt* (*Umkehrung*, siehe Stichwort *Form*). Die *Bassstimme* sollte auf *Bassstäben* musiziert werden, der Einsatz des *E-Basses* ist aber sicher in der Orientierungsstufe schon möglich.
Die *Keyboardstimme* enthält die Töne e und es. Das muss so sein, denn die *Jazz-Akkorde* bestehen in unserem Fall nur aus *Grundton* (in der Bassstimme), *Terz* und *Septime* (in der Keyboardstimme).
Diese Stimme sollte von zwei Spielern gespielt werden:
Der erste Spieler spielt e-es-e-f, der zweite Spieler gleichzeitig h-a-h-h.
Keyboardstimme und Bassstimme werden ‚zusammengesetzt', die Spieler müssen gut aufeinander hören.
In der Orientierungsstufe kann wieder ein zweiter Schüler die Drums-Stimme dazu spielen (siehe Stichwort *Drumset*).

 Texthilfe zur Einstudierung der Melodie:
„Komm doch rüber zu mir, / ich will gar nichts von dir."

Im Takt

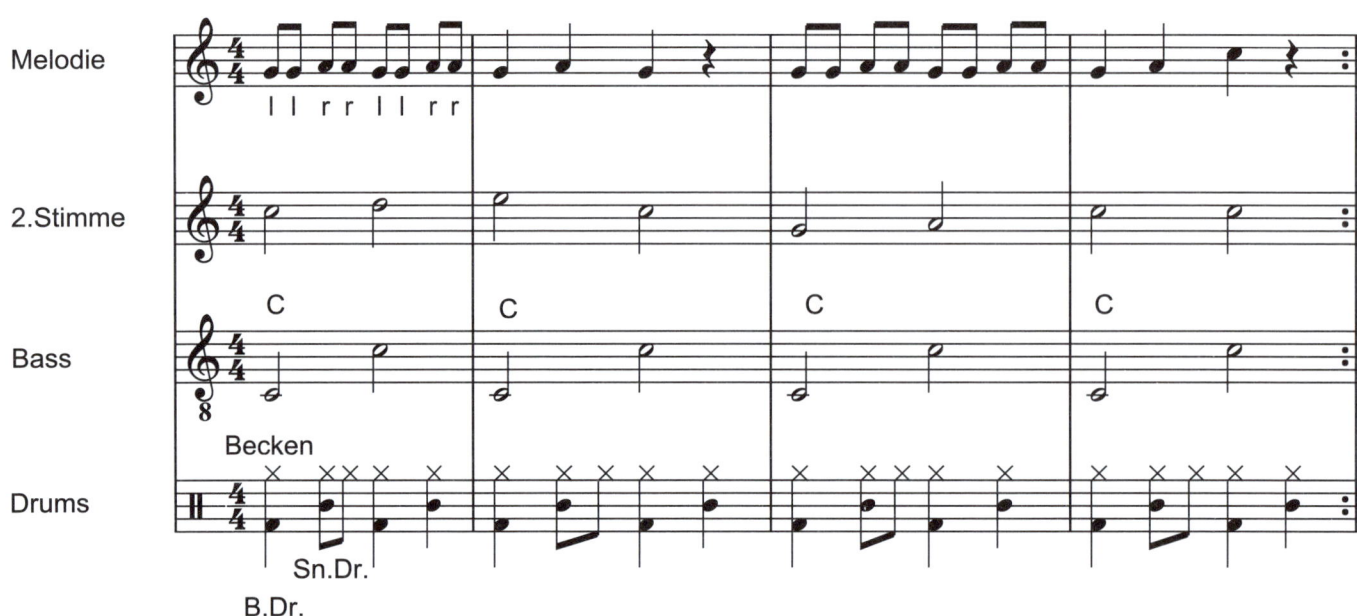

Natürlich kann man auch diese Kurzmelodie mit nur einem einzigen Schlägel spielen und spielen lassen. Andererseits ist gerade das Motiv der Takte 1 und 3 sehr gut geeignet, *beidhändiges* Spielen zu trainieren. Wenn man sich die Mühe der Einstudierung des angegebenen *Handsatzes* gemacht hat, ,swingt' die Musik besser. Ein Vorschlag zur Einübung des beidhändigen Spiels:

- „Wir brauchen jetzt nur die Töne g und a."
- Lehrer spielt vor: 1x a (Schüler ,antworten' 1x a)
- Lehrer spielt vor: 2x a (Schüler ,antworten' 2x a)
- ebenso: 1x g, 2x g
- dann kommt's: g ga usw.

Das Anfangsmotiv wird also nach und nach eingeführt. Natürlich muss der Lehrer das richtig vormachen.

Wer eine oder mehrere *Gitarren* zur Verfügung hat, kann diese hier sehr gut einsetzen, da das Stück nur einen einzigen *Begleitkkord* benötigt, der relativ gut zu greifen ist, auch für Nicht-Gitarristen.
Der Bass kann auf *Bassstäben* von einem oder zwei Spielern gespielt werden, er klingt sehr schön beruhigend. Auf dem E-Bass ist der Oktavgriff schwierig: Man greift ihn (siehe Stichwort *E-Bass*) mit dem 1. Finger auf der A-Saite (3. Bund) und 3. od. 4. Finger auf der G-Saite (5. Bund). Natürlich kann man auch nur einen einzigen Ton c immer wiederholen, dann kann es wirklich jeder.
Noch ein Hinweis: Wer *Beidhändigkeit* eingeführt hat, muss sich um deren Pflege auch kümmern. Also immer wieder mal nachsehen, ob es noch praktiziert wird. Es gibt Schüler, für die Beidhändigkeit eine zusätzliche Hürde ist. Diese steigen dann gerne wieder auf Einhändigkeit um.
Vielleicht sollte man in der nächsten Musikstunde gleich noch ein beidhändiges Stück spielen, z.B. Nr. 33.

Textidee für die Einstudierung des Rhythmus in der Grundschule:
„Viele Instrumente spielen / jetzt im Takt / andernfalls da klingt es völlig / abgeschmackt."

Heimathafen

Diese Stabspieletüde eignet sich gut als Folgestück von Nr. 32. Wer *beidhändiges* Spiel üben will, kann das jetzt einmal im *Dreivierteltakt* versuchen. Die Melodie besteht wieder aus einem zweitaktigen *Motiv*, das *sequenziert* wird. Sie ist also leicht zu spielen.

Trotzdem sollte man eventuell einige *Klatschübungen* im ¾-Takt vorschalten (siehe Übungsreihe Seite 57).

Obwohl das Stück in *F-Dur* steht (es hat ein b als Vorzeichen), brauchen wir für die Melodie die Stabspiele nicht umzubauen, da der Ton b darin nicht vorkommt.

Die optionale *zweite Stimme* sollte auf einem *Keyboard* (oder *Akkordeon, Klavier...*) gespielt werden, da sie für die *Blockflöte* schwierig ist: Den Ton b' bekommen Blockflötenanfänger meist nicht sauber zustande, zumal er hier direkt nach dem h' kommt.

Der *Bass* sollte auf *Stabspielen* dargestellt werden, ab der Orientierungsstufe auch auf dem E-Bass.

Wenn der *Swing-Rhythmus* auf dem Becken zu schwierig ist, kann er dem Melodierhythmus komplett angepasst werden, das heißt, jeder einzelne Melodieton wird vom *Becken* mitgespielt.

Ein 'richtiger' Schlagzeuger ist sich für so etwas natürlich zu schade, er versucht **einen** Rhythmus durchzuspielen, außer bei Schlagzeug-*Soli* oder zur Markierung von musikalischen *Abschnitten* (siehe Stichwort *Form*). Und damit hat man als Laien-Schlagzeuger einen Ansporn, vielleicht doch die abgedruckte (und auf der CD zu hörende) Beckenstimme zu üben.

Texthilfe zur Einstudierung der Melodie:
„Alle Schiffe wollen / schlafen, / liegen still im Heimat- / hafen."

Kühlschrank-Swing

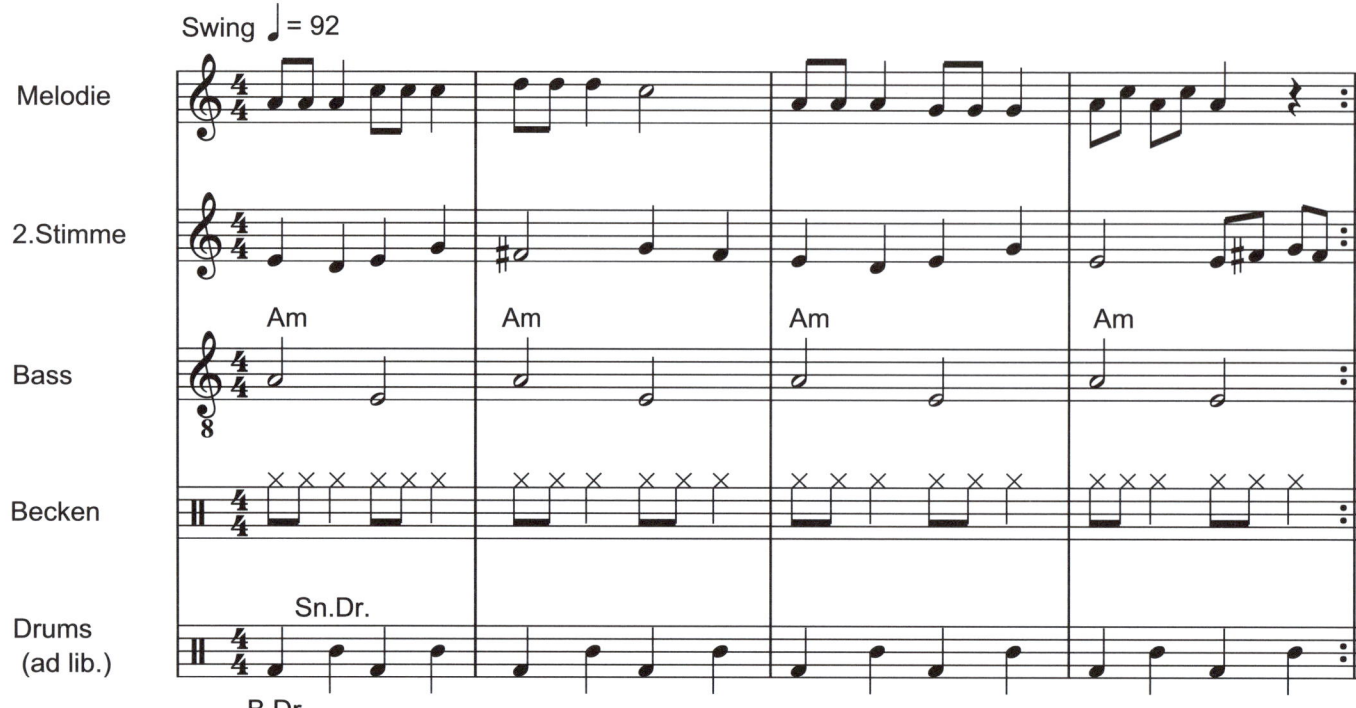

Das insgesamt fünfmal wiederholte Anfangsmotiv kann man mit verschiedenen *Handsätzen* spielen:

1. einhändig, also bei den meisten Kindern mit der rechten Hand (wird von der Mehrheit bevorzugt)

2. beidhändig in der Folge l-r-l (ist einfach)

3. beidhändig in der Folge l-l-r (gibt den besten Swing).

Das Motiv des letzten Taktes wird man beidhändig am besten l-r-l-r-l spielen.

Die weglassbare 2. Stimme kann von einem sicheren Blockflötenspieler übernommen werden (Achtung: fis statt f), ansonsten aber auch von einem Keyboard. Zu beachten ist, dass der 1. und 3. Takt gleich sind, die anderen Takte aber nicht. Anstelle der Achtelfigur (Swing!) des letzten Taktes kann bei Problemen eine halbe Note e' gespielt werden.

Auch eine Gitarre (ggf. mehrfach besetzt) kann mitspielen, auf die jeweilige 1 des Taktes wird der Akkord a-Moll (Seite 89) angeschlagen.

Die Melodie ist *pentatonisch*, eignet sich also auch gut als *Tutti-Riff* für *Improvisationen* (siehe Stichwort *Arrangements*). Man kann beim *Improvisieren* die gleichen Töne verwenden, die in der Melodie vorkommen. Hier können übrigens die einzelnen Töne (*klingende Stäbe*), die es in vielen Musiksammlungen gibt, gut verwendet werden: Nur g', a', c'', d'' werden gebraucht.

Der *Bass* wiederholt immer die beiden gleichen Töne (*Grundton und Unterquart*), man spricht hier auch von *Wechselbass* oder *Pendelbass*. Man kann ebenfalls gut die beiden leeren Saiten A und E eines *E-Basses* (oder *Kontrabasses*) oder zwei *Pauken* verwenden.

Auch der Hinweis auf die geflissentliche Beachtung des langsamen Tempos soll hier noch einmal wiederholt werden.

In der Orientierungsstufe kann wieder ein zweiter Schüler die Drums-Stimme dazu spielen (siehe Stichwort *Drumset*).

 Textvorschlag zur Einstudierung des Melodierhythmus:
„Brüderchen, Schwesterchen / kommen nach Haus, / räumen dort gleich mal den / Kühlschrank heimlich aus.“

Hans zu Besuch

Zum Einschwingen sei hier wieder zunächst die Swing-Übung im ¾-Takt (siehe Seite 57) empfohlen.

Die Melodie ist hier etwas schwieriger als bei anderen Stücken. Die Rhythmen der Takte 1 und 3 sind diesmal verschieden. Nimmt man diese Takte für sich, ergibt sich eine interessante Betonungsverschiebung, die scheinbar dem ¾-Takt zuwiderläuft.

Der *Bass* kann auf *Bassstäben* oder dem *E-Bass* gespielt werden. Letzteres ist gut möglich, weil die benötigten Töne *leeren Saiten* des Instrumentes entsprechen. Zu beachten ist allerdings, dass immer nur ein einziger Basston zur Zeit erklingen darf. Bevor also der neue Ton angeschlagen wird, muss der alte Ton kurz abgedämpft werden.

Die *Keyboard*-Stimme klingt auch sehr gut auf *Metallophonen*. Einfaches *zweistimmiges* Spiel wird dabei trainiert: Die linke Hand spielt immer f', die rechte Hand gleichzeitig c'' und h' im Wechsel. Die Akkorde sind wieder (im klassischen Sinne) ‚unvollständig‘, den Vierklängen Dm^7 und G^7 fehlt die *Quinte*. Man empfindet sie trotzdem als *Vierklänge* (siehe Seite 61).

Die *Beckenstimme* hat den gleichen Rhythmus wie die Melodiestimme in Takt 1, was zunächst die *Einstudierung* erleichtert. Der Beckenspieler sollte allerdings diesen Beat durchhalten, auch wenn die Melodie nachher ganz andere Rhythmen enthält. Vielleicht hilft ein kleiner Merkspruch, der (innerlich) immer wiederholt wird: „Eins und zwei sind drei", wobei das Wörtchen „und" im Swing-Rhythmus immer etwas später kommt als beim klassischen Auszählen von Notenwerten (siehe Stichwort *Swing*, Seite 105).

Textidee für die Einstudierung des Rhythmus in der Grundschule:
„Heute abend kommt / Hans zu mir, / bringt mir wohl etwas / mit.“

Wo ist denn die Katze?

Diese Melodie ist schwieriger als viele der vorhergehenden, denn sie enthält mehrere *Terzsprünge*. Mehrere Terzen hintereinander zu spielen ist einfach, zwischen *Tonwiederholungen* oder *Sekundschritten* erfordern sie aber weit mehr Konzentration und Übung. Besonders schwierig ist der Übergang von T. 1 zu T. 2, wo im schnellen *Swing-Rhythmus* die Töne c'', a' und h' aufeinander folgen.

Diese Melodie wird übrigens sehr viel leichter zu bewältigen sein, wenn man sie *beidhändig*, also mit zwei Schlägeln, spielen lässt. Gerade der eben erwähnte Übergang von T. 1 zu T. 2 ergibt sich dann von alleine. Wer den *Handsatz* genau beachtet, wird besonders den ersten Takt üben müssen, denn dort spielen beide Hände abwechselnd den Ton a.

Die *zweite Stimme* besteht nur aus *Viertelnoten*, sie ist *rhythmisch* und *melodisch* einfacher, wobei hier wieder daran zu erinnern ist, dass Laien bei regelmäßiger Folge von *Viertelnoten* meist nicht das Tempo halten, sondern schneller werden.

Man sollte beim Zusammensetzen der Stimmen vielleicht zunächst Bass und *zweite Stimme* zusammen üben, dann das *Becken* dazu nehmen, erst ganz am Ende die vorher schon eingeübte Melodie. Wichtig ist wieder, dass jeder beim Spielen nicht nur auf sich achtet, sondern gleichzeitig auch auf die Mitspieler. Eine Klippe, mit der man vielleicht nicht rechnet: Wenn man zuerst eine Stimme in *halben* Noten einübt (hier: *Bassstimme*), sollte das zunächst sehr langsam (am besten mit *Metronom*) geschehen. Viele Schüler (und ihre Lehrer) musizieren oft so schnell, wie es die zu spielende Melodie erlaubt, und dann ist die Bassstimme zu schnell für die eigentliche Melodie.

Der *Bass* stellt kein Problem dar, wenn er auf *Bassstäben* gespielt wird. Selbst mit dem *E-Bass* kann wenig passieren, wenn man die beiden Töne (auf dem 5. und 3. Bund) der E-Saite greift: Dann wird automatisch immer der eine Ton *gedämpft*, sobald der andere erklingt.

 Textvorschlag zur Einstudierung des Melodierhythmus:
„Wo ist denn die Katze? Sie / war doch g'rad im Haus! / Sie sucht drinnen / eine kleine Maus."

Gummiboot

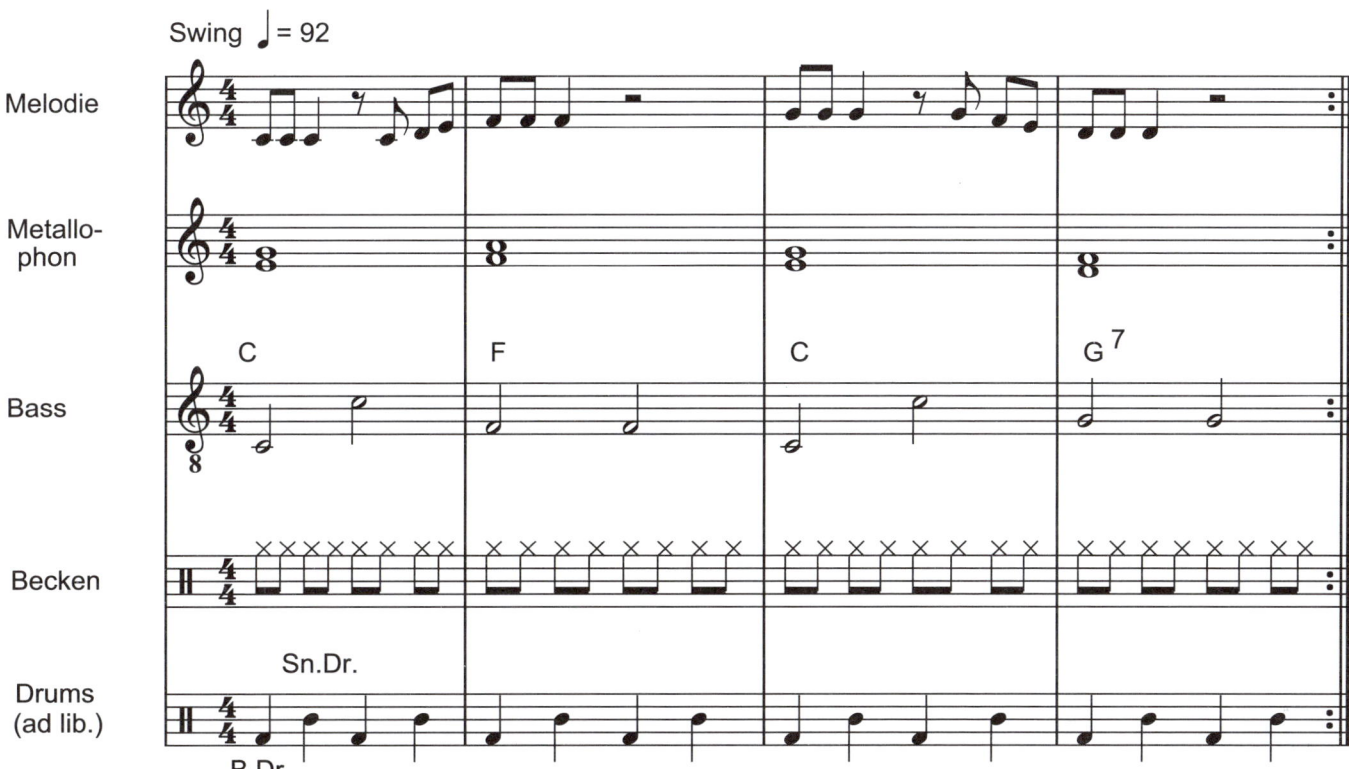

Wer kein Risiko eingehen möchte, begleitet zunächst am Klavier oder an der Gitarre das Melodiespiel der Schüler. Da die Melodie für Kinder nicht ganz einfach ist (3-Achtel-Auftakte zu T. 2 und T. 4), sollte die rhythmische Begleitung sehr sicher sein.

Wer also das Glück hat, rhythmisch sichere Schüler in der Klasse zu haben, kann wieder mehrspurig arbeiten:

Die Bassstimme wird am einfachsten mit vier Bassstäben dargestellt Wer nur einen Basston c hat, spielt diesen zweimal. Ansonsten ist ebenfalls der Klavierbass (in der Orientierungsstufe auch schon der E-Bass) einsetzbar.

Becken sollen übrigens mit der Spitze (mit dem Kopf) der Sticks auf der **Fläche** des Beckens gespielt werden, nicht in der Mitte, nicht am Rand. Sticks mit kleinen Kunststoffkappen klingen sehr gut. Die angebotene Beckenstimme kann auch ersetzt werden durch den Melodierhythmus des ersten Taktes, der dann immer wiederholt wird. Was Schüler nicht stört, obwohl Schlagzeuger das nicht gerne machen: den Rhythmus der Melodie einfach auf dem Becken mitspielen (drittbeste Lösung).

In der Orientierungsstufe kann wieder ein zweiter Schüler die Drums-Stimme dazu spielen (siehe Stichwort *Drumset*, Seite 78).

Textidee für die Einstudierung des Rhythmus in der Grundschule:
„Rosarot, so ist mein / Gummiboot. / Himmelblau, so ist die / Meerjungfrau."

Telemann-Blues

Eckart Vogel KinderStundenStücke © Fidula

Als Abschluss der ‚einfachsten Musizierstücke der Welt'soll hier noch ein einfacher *Blues* angeboten werden. Die für diese Sammlung außergewöhnliche Länge entpuppt sich bei genauerem Hinsehen als problemlos, jedenfalls was die Melodie anbetrifft: Wir haben in den Takten 1 und 2 ein *Motiv*, das in den Takten 3-4 und 7-8 wiederholt wird. Dazwischen kommt eine *Sequenz* dieses Motivs: alles einen Ton höher. Auch die letzte Blueszeile ist ganz einfach. Hier ein Einstudierungsvorschlag:

- h ausbauen, b einbauen

- „Wir brauchen jetzt nur drei Töne: g-a-b." (vorspielen, nachspielen lassen)

- „Daraus machen wir g-a-b-a-g." (vorspielen, nachspielen lassen)

- „...und jetzt g - gg - a - aa - b-a-g." (vorspielen, nachspielen lassen)

- „Wir spielen abwechselnd." (Lehrer spielt, dann die Schüler mehrmals hintereinander)

- „Wir haben unseren Tonbaustein jetzt mehrfach gespielt. Im heutigen Musikstück kommt er zweimal vor." (genau zweimal spielen, dann abbrechen, evtl. mehrfach üben)

- „Dann kommt der Tonbaustein einen Ton höher: Wir brauchen jetzt die Töne a-b-c." (mehrfach üben: einmal der Lehrer, dann die Schüler)

- „Jetzt spielen wir den Tonbaustein zweimal von g aus und einmal von a aus." (üben)

- „Danach kommt er nochmal vom g aus: also 2x von g, 1x von a, 1x von g." (üben)

- „Die letzte Zeile ist ganz einfach: Wir spielen alle Töne vom hohen f abwärts bis zum d, dort kehren wir um und spielen bis zum g."

- Dann kommt der ganze Durchgang, Lehrer ruft an den entsprechenden Stellen: „von g", bzw. „von a", bzw. „letzte Zeile".

Wer noch Kapazitäten frei hat, kann die drei *Basstöne* von einem Schüler spielen lassen, am besten nach dem folgenden *Blues-Schema*:

C	C	C	C
F	F	C	C
G	F	C	G

Man spielt die Zeilen ganz normal von links nach rechts, die drei Zeilen entsprechen den drei Zeilen der Melodie. Jedes Kästchen ist also ein Takt. Der Bass spielt pro Takt einen Ton, und zwar immer auf die Zählzeit 1.
Wer drei *Gitarren* hat, kann diese ebenfalls nach dem *Akkordschema* des Basses spielen lassen, allerdings empfiehlt es sich wegen des kurzen Gitarrenklanges vier *Viertel* (an Stelle einer *ganzen Note*) pro Takt zu spielen.

Textidee für die Einstudierung des Rhythmus in der Grundschule:
„Telemann, schau nicht so / streng zu mir! / Leider hat keiner 'ne / Orgel hier. /
Spielen wir pausenlos / Xylophon, / wird doch recht ordentlich / unser Ton. /
Wir spiel'n auch ganz / brav das Tempo, / werden gar nicht / schneller zum Schluss."

39 Sensation
Improvisationsmodell 3 (Swing)

Zum Thema (Tutti-Riff):

Der *Tutti-Riff* ist wieder sehr einfach gehalten, damit viel Zeit für die *Improvisation* bleibt.

Zuerst wird die Rhythmusgruppe einstudiert: Der *Bass*, die *Akkordstimme* (Keyboard, Metallophon oder Gitarre) und das *Becken*.

Die *Rhythmusgruppe* spielt immer: sowohl in allen *Tutti-Teilen* als auch in allen *Soloteilen*. Es ist darauf zu achten, dass die Mitglieder der Rhythmusgruppe sich sehen und hören beim Spielen! Die Rhythmusgruppe ist der ‚Motor‘ der Musik, und dieser Motor soll sehr gleichmäßig laufen.

 Textidee für die Einstudierung des Rhythmus in der Grundschule:
„In der Frühe schon / spiel ich Xylophon. / Ist das nicht ‘ne / große Sensation?“

Zur Improvisation:

Es empfiehlt sich grundsätzlich zweierlei: Der *Tonvorrat* sollte begrenzt werden (je weniger Material, desto mehr Kreativität), jeder Spieler sollte **einen** *Rhythmus* vorgegeben bekommen oder auswählen, der dann immer (mit verschiedenen Tönen) wiederholt wird. Es hat sich gezeigt, dass es für Kinder ungeheuer schwierig ist, im Takt zu bleiben, sich dabei ständig Rhythmen auszudenken und außerdem noch Töne auszuwählen, die interessant klingen könnten.

Beispiele für vorgegebene Rhythmen:

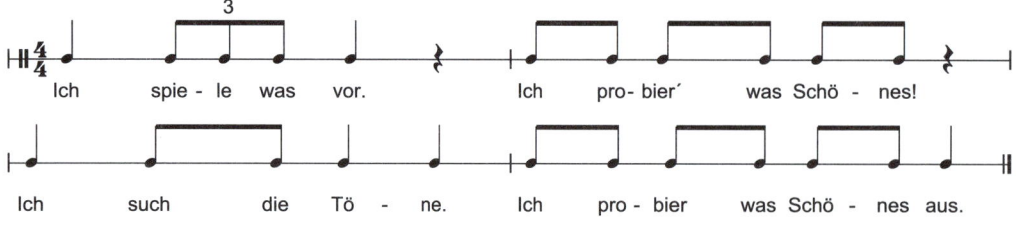

Weitere Rhythmusbausteine mit dazu passenden Übungstexten finden Sie in den Stuhlkreisübungen im Kapitel „Einschwingen“ (Seite 58 f.).

 Eckart Vogel KinderStundenStücke © Fidula

Canasta zu dritt
Improvisationsmodell 4 (Swing)

Zum Thema (Tutti-Riff):

Wenn alle Töne f und h markiert (oder herausgenommen) sind, also wenn sie nicht mitgespielt werden, bleibt eine *pentatonische Skala* übrig. Die Melodie (das Thema, der Riff, der Tutti-Teil) lässt sich mit dieser besonderen Tonleiter spielen.

Bass, Akkorde und eine Rhythmusstimme bilden erneut die Rhythmusgruppe, für die wir wieder eine große Auswahl an Instrumenten zur Verfügung haben:

- Wer eine oder mehrere Gitarren einsetzt, kann die Metallophon-Stimme ergänzen oder ersetzen.
- Der Rhythmus kann von einem Becken, einem HiHat, mit *Körperinstrumenten* oder Bongos gespielt werden.
- Denkbar ist ein zusätzlicher Triangelton auf die 1 eines jeden Taktes. Für viele Schüler ist dieser Triangelschlag eine gute Orientierung.
- Auch beim Bassinstrument gibt es eine große Auswahl, von der Pauke bis zum Bassstab (siehe *Bass*).

 Textidee für die Einstudierung des Rhythmus in der Grundschule:
„Nachmittags gehen wir / beide zum Schmidt, / spielen dort Ca- / nasta zu dritt."

Zur Improvisation:

Als Vorgaben (siehe auch Kommentar zu Nr. 39) seien hier empfohlen:

- Tonvorrat g'-a'-c'' (oder alle Töne des Stabspieles außer f und h, also pentatonische Skala)
- ein viertaktiger Rhythmus, der (zunächst) eingehalten werden soll:

Swing

Ich er- fin- de ei- ne Me- lo- die, hört mal her, ich bin ein Ge- nie.

Selbstverständlich können wir auch eintaktige (siehe Seite 58) oder zweitaktige Rhythmen (siehe Seite 59) vorgeben, in geeigneten Lerngruppen auch Abwandlungen oder ganz freies Spiel erlauben.
(Wer an weiterführenden Ideen interessiert ist, sei hier verwiesen auf die fünf ausführlichen Improvisationsmodelle in den *SwingStundenStücke* des Autors.)

Einschwingen 1

normale Achtel (Latin) · ¾ zweitaktig

Zu diesen Übungen lesen Sie bitte auch die Hinweise unter den Stichworten *Stuhlkreis* und *Einschwingen* (Seiten 104 und 82).

♩ = 88

 Eckart Vogel KinderStundenStücke © Fidula

Einschwingen 2

normale Achtel (Latin) · ⁴⁄₄ eintaktig

♩ = 88

Noch ein Tor! Bleib, wie du bist! Lass dei- ne Sor- gen los!

Geh zur Schu- le! Geh doch nach Hau- se! Komm doch mal her zu mir!

Denk an mor- gen! Kommt al- le zu- sam- men! Wir lie- ben das Le- ben.

Wir spie- len den gan- zen Tag. Ja, mein Schatz ist wun- der- schön...

Seid doch end- lich still! Als zum Wald Pe- trousch- ka ging...

Komm doch her zu mir! Jetzt kommt Ham- pel- mann!

Sin- gen und Tan- zen bringt Spaß! Sor- ge dich nicht!

Gu- ten Mor- gen! Ich bin ver- rückt nach dir.

Komm nach Haus! Ich geh zur Schu- le. Pack das Le- ben an!

Ü- bung macht den Meis- ter. Kra- chen und Heu- len und ber- sten- de Nacht...

Einschwingen 3

normale Achtel (Latin) · ⁴⁄₄ zweitaktig

♩ = 88

Meine Tante kommt aus Shanghai.

Petersilie, Suppenkraut, wächst in unserm Garten.

Einmal hin, einmal her, rundherum, es ist nicht schwer!

Meine Laterne leuchtet uns den Weg.

Wir sind froh, noch am Leben zu sein.

Einmal nach München und zurück!

Heute fahrn wir zur Holzauktion.

Morgen kommt Opa zurück.

Alle Vögel sind schon da.

Ri, ra, rutsch, wir fahren mit der Kutsch!

Viva, viva la musica!

Hava nagila, Hava

Aalouette, gentille Alouette.

Eckart Vogel KinderStundenStücke © Fidula

Einschwingen 4
Swing-Achtel · ¾ zweitaktig

Swing ♩ = 80

1 Heut geht's zur Holz - auk - tion.

3 Heut gibt es Spaß ü - ber - all.

5 Jag doch die Kat - ze aus dem Haus!

7 Gehn wir nach Hau - se zu zweit?

9 Trink doch mal Flie - der - beer - saft!

11 Lauf, Schwes - ter - chen, lauf zu - rück,

13 bring uns a - ber die Kar - ten mit!

15 Hast du da - nach auch noch Zeit,

17 ge - hen wir zur A - del - heid.

19 Al - le wol - len heu - te Fuß - ball sehn.

21 Al - le wol - len heu - te Knut ba - den sehn.

23 Schwar - ze Wol - ken pus - ten wir vom Him - mel weg.

25 Heu - te A - bend kommt der Er - win zu mir.

Einschwingen 5
Swing-Achtel · ⁴⁄₄ eintaktig

Eckart Vogel KinderStundenStücke © Fidula

Einschwingen 6

Swing-Achtel · ⁴⁄₄ zweitaktig

Swing ♩ = 92

Mei- ne La-ter - ne leuch - tet hell

Hörst du nicht den Klin - gel-ton? Geh doch mal ans Te - le-fon!

Mei - ne O - ma kommt heut zu Be-such.

Mei - ne Ent - chen ge-hen hi - nü - ber zum See.

Mei - ne To-ma - ten, die schme - cken gut.

Un - ser Leh - rer hat wie - der mal Recht.

Hüp - fen wir, tan - zen wir, sprin - gen wir hoch!

Kin - der ge-hen ins Bett, schla - fen bald so nett...

Trink, Brü - der-lein, trink und geh nach Haus ge-schwind!

Geht ins Haus und ge - nießt den Mit - tags-schmaus!

Heut ist dein Ge-burts - tag, heu - te fei - ern wir.

Ich mag die Blu - men, die am We - ge stehn.

Das war gut, jetzt kommt 'ne Pau - se, setzt euch hin!

Ideenkiste

zum Musizieren im Klassenverband

Die folgenden Tipps haben sich aus der praktischen Unterrichtsarbeit ergeben. Sie enthalten auch Antworten auf Fragen, die auf Fortbildungslehrgängen zum Thema „Musizieren im Klassenverband" entstanden sind.

Obgleich diese unter alphabetisch geordneten Stichwörtern zusammengefassten Problemkreise vor allem für Einsteiger ins Klassenmusizieren, also für Neigungslehrkräfte, gedacht sind, kann auch jeder andere geneigte Leser hier fündig werden.

Methodische Hinweise: Während die Kommentare zu den einzelnen KinderStundenStücken sich ausschließlich auf die jeweiligen Musiziervorlagen beziehen, finden sich hier Hinweise allgemeinerer Natur, die sich auf immer wieder auftretende Probleme und damit auf mehrere Spielstücke beziehen.

Organisatorische Hinweise: Das Musizieren mit Laien, vor allem solchen, die sich noch im Kindesalter befinden, führt zu zahlreichen Problemen (z.B.zu erhöhtem Stress), zu deren Lösung hier Vorschläge angeboten werden.

Hinweise zur Musiktheorie: Die hier aufgeführten Aspekte der Musiktheorie beziehen sich direkt auf die in diesem Heft gesammelten KinderStundenStücke. Für studierte Schulmusiker ist vermutlich nicht viel Neues dabei, vielleicht ergibt sich aber die eine oder andere neue Sichtweise auf schon bekannte Phänomene. Neueinsteiger sollen zu einer Entdeckungsreise durch die Welt der Musiktheorie angeregt werden. Wer neugierig geworden ist, greife zur weiteren Information auf eine „allgemeine Musiklehre" oder ein Musiklexikon zurück.

Pädagogisch-didaktische Hinweise: Auch beim Musizieren im Klassenverband stößt man häufig auf Sinnfragen aller Art: Warum mache ich dieses im Unterricht, warum lasse ich jenes lieber weg? Welche Folgen hat diese oder jene Aktion für die Schüler, für den Hochbegabten, für den, der Probleme mit der Rhythmik hat, für den Musiklehrer? Solche Fragen muss sich jeder Lehrer immer wieder selber beantworten, Anregungen hierfür finden sich auf den folgenden Seiten.

Stichwort „Akkorde"

Akkorde sind **Zusammenklänge** von zwei oder mehr Tönen.

Zweiklänge werden in dieser Sammlung oft in den begleitenden *Akkordstimmen* verwendet. In dieser Sammlung tauchen sie erstmalig im Spielstück Nr. 6 auf, und zwar in Form von Terzparallelen. Beim *beidhändigen* Spielen bewegen sich beide Hände immer gleichzeitig in die gleiche Richtung (oder am Ort).

Schwieriger ist die Zweistimmigkeit bereits in Nr. 7, wo sich Parallelbewegung (T. 1 auf T. 2) und Gegenbewegung (T. 3 auf T. 4) abwechseln. Eine interessante Zweistimmigkeit findet sich z.B. in Nr. 14, wo bei der *Keyboardstimme* immer ein Ton liegen bleibt, während der andere weiterrückt. Dann rückt der erste Ton nach usw. Wenn diese Zweistimmigkeit für einen einzelnen Schüler zu schwierig ist, kann auch ein Schüler die Oberstimme spielen und einer die Unterstimme.

Dreiklänge sind die Grundlage jeder **Harmonie**, jedes Zusammenklangs. Was dazu geführt hat, dass man statt nach „Dreiklängen" oft nach den „Harmonien" fragt, mit denen ein Musikstück begleitet wird. Ein Dur-Dreiklang besteht aus einer großen und einer kleinen Terz, ein Moll-Dreiklang aus einer kleinen und einer *großen* Terz. Beispiel:

D-Dur: d-fis-a   d-Moll: d-f-a

Der Unterschied zwischen einem *Dur-* und einem *Moll-Dreiklang* liegt also nur im mittleren Ton, der Terz des Dreiklangs. Man spricht auch von **Durterz** und **Mollterz**.
Alle im Spielheft vorkommenden Dreiklänge und weitere Hinweise finden Sie unter dem Stichwort *Dreiklänge* (Seite 77).

Vierklänge entstehen, wenn man über den Dur- oder Moll-Dreiklang noch eine Terz legt:
Um beim Beispiel D zu bleiben:

D^7: d-fis-a-c Dm^7: d-f-a-c D^{7j}: d-fis-a-cis

Alle im Spielheft vorkommenden Vierklänge und weitere Hinweise finden Sie unter dem Stichwort *Vierklänge* (Seite 114).
Eine Besonderheit haben wir dem Jazz zu verdanken: Dort werden Vierklänge mit nur drei Tönen dargestellt (obwohl das zunächst widersinnig erscheint): mit dem Basston (der allerdings immer relativ laut sein muss), dazu der Terz und der Septime. Oder anders ausgedrückt: Die Quinte des Vierklangs kann wegfallen, ohne dass der Vierklang-Charakter verloren geht. Die *reduzierten Vierklänge* über D heißen dann:

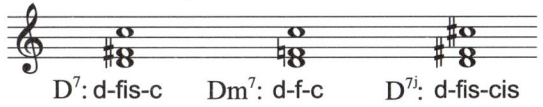

D^7: d-fis-c Dm^7: d-f-c D^{7j}: d-fis-cis

Verminderte Klänge sind etwas ganz Natürliches: Spielen Sie auf den Klaviertasten vom Ton h ab dreimal den übernächsten Ton aufwärts, Sie erhalten h-d-f-a. Dieser Akkord ist weder Dur noch Moll. Er hat nämlich – klaviaturbedingt – zwei kleine Terzen und eine große Terz und trägt den abenteuerlichen Namen **$Hm^{7/5-}$**.
Der Akkord wäre also eigentlich ein h-Moll-Sieben-Klang, aber die Quinte (das Fis) ist einen halben Ton niedriger, deshalb „fünf minus". Wichtig zu wissen ist, dass sich dieser ungewöhnliche Klang auf den ganz normalen weißen Klaviertasten befindet. Im Zusammenhang mit anderen Akkorden klingt auch $Hm^{7/5-}$ ganz normal. Natürlich hat dieser Klang die Neugierde der klassischen Komponisten, aber auch der Jazzer und der Musiktheoretiker herausgefordert!
Hören Sie sich einfach mal auf der CD das Spielstück Nr. 14 an.

Stichwort „Akkordfolgen"

Gitarristen der Pop- und der Jazzmusik verwenden anstelle von Noten meist tabellenähnliche Übersichten mit **Akkordfolgen**. Diese enthalten die Abkürzungen der *Tabulatur* (siehe Stichwort), also Großbuchstaben, die manchmal mit zusätzlichen Ziffern versehen sind. Jeder Takt entspricht einem Kästchen. Ein Gitarrist spielt also beispielsweise nach der folgenden Übersicht (es handelt sich hier um ein **Blues-Schema**):

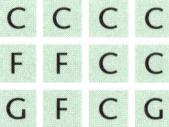

Da Popmusik vor allem durch die Entwicklungen im angloamerikanischen Raum geprägt wird, hat sich bei vielen Musikern für die Akkordfolgen der Begriff **Changes** (z.B. ‚Wechsel' der Gitarrengriffe) durchgesetzt.

Die Anzahl der verwendeten Akkorde sagt nichts aus über den Anspruch der Musik. Man denke an Maurice Ravels „Bolero", der die meiste Zeit nur einen einzigen Akkord verwendet. Oder an die hochkomplizierte klassische indische Musik, die nur auf einem einzigen *Grundton* basiert. Auch im „Rhythm and Blues" gibt es wunderbare Stücke, die nur einen **einzigen Akkord** haben.

Wenn sich eine überschaubare begrenzte Zahl von Akkorden ständig wiederholt, spricht man von **„Turnarounds"**.

Die Vorteile dieser sich wiederholenden **Changes** liegen klar auf der Hand:

- Man muss auf der Gitarre nur wenige Griffe beherrschen.
- Man braucht nur wenige *Basstöne*.
- Man lernt das Hören von *Akkorden*.
- Man kann sich ganz auf die *Melodik* konzentrieren, da die Akkordfolgen immer gleich bleiben.
- Man kann sehr gut dazu *improvisieren* (bzw. komponieren).
- Man kann sofort in einer fremden Gruppe mitspielen, da das Material sehr begrenzt ist.

Beispiele für Akkordfolgen					
Beschreibung (ggf. Name)	**Takt 1**	**Takt 2**	**Takt 3**	**Takt 4**	**z.B. Kinder-StundenStück Nr.**
Kleine Kadenz	C	F	G	C	1
II-V-I Kadenz klassisch	C	Dm	G	C	7
Große Jazzkadenz	Dm⁷ G⁷	C⁷ʲ F⁷ʲ	Hm⁷ᐟ⁵⁻ E⁷	Am⁷	14
Lamento- / Flamenco-Kadenz	Am	G	F	E	8
Modal I	Dm	G	Dm	C	6
Modal II	Am D	Am D	Am D	Am D	17
Modal III	E	F⁷ʲ	E	F⁷ʲ	24
Ein Akkord: Dur	C	C	C	C	4
Ein Akkord: Moll	Am	Am	Am	Am	34
Zwei Akkorde: Dur	C	G⁷	G⁷	C	11
Zwei Akkorde: Moll	Am	Em	Am Em	Am	2
Rock 'n' Roll-Kadenz I	C	Am	F	G	30
Rock 'n' Roll-Kadenz II	C	Em	F	G	15
Rock 'n' Roll-Kadenz III	C	Am	Dm	G	18
Rückungen	C Dm	Em F	Em Dm	C	22
mit Doppeldominante	F	G	C	F	33
Ungewöhnliche Wechsel	C⁷ʲ	F⁷	C⁷ʲ	F⁷	31

Eckart Vogel KinderStundenStücke © Fidula

Stichwort „A-Rhythmiker"

A-Rhythmiker, Schüler, die nicht in der Lage sind, irgendeinen Rhythmus zu verstehen, zu empfinden oder wiederzugeben, gibt es eigentlich an Regelschulen nicht. Denn jeder Mensch hat irgendwo ein Gefühl für *Rhythmus*, sonst könnte er z.B. nicht gleichmäßig gehen oder die Fahrradpedale betätigen. Auch hat jeder Mensch mit seiner Atemfrequenz und seinem Herzschlag regelmäßige Rhythmen ,in sich'.

Trotzdem gibt es Menschen, die nicht einmal in der Lage sind, das marschmäßige Wellenklatschen z.B. bei den „Hitparaden der Volksmusik" mitzumachen. Und es gibt natürlich auch Schüler, denen es nicht möglich ist, den Puls der Musik mitzuklatschen.

Manchmal fällt das kaum auf, manchmal wird es zum Verhängnis: zum Beispiel wenn zufällig so ein Schüler am Schlagzeug sitzt. Dann wird möglicherweise die Musizierstunde zur Nachhilfestunde für den einen, zum Frusterlebnis für die anderen Schüler (und den Lehrer). Was tun?

- Den einzelnen Schüler ,unauffällig' fördern durch häufige Klatsch- und Rhythmusübungen mit der ganzen Klasse (siehe Stichwort *Stuhlkreis* und die Einschwingübungen, Seite 54 ff.)

- Meditationsübungen für die ganze Klasse: den eigenen Atem beobachten, den Puls fühlen.

- Den Schüler niemals bloßstellen! Rhythmisch unsichere Schüler sollte man nach Möglichkeit nicht alleine ans *Schlagzeug* oder an das *Bassinstrument* lassen. Bloßstellungen können lebenslange Aversionen gegen die Musik hervorrufen. Sie können ebenso nachhaltig schädliche Wirkungen haben wie ,alleine vorsingen'.

- Den Rhythmuspart für den betreffenden Schüler visualisieren: z.B. andere Schüler den gleichen Rhythmus mitspielen lassen, hinweisen auf optische und akustische Gleichzeitigkeit.

- Den Schüler einsetzen für besondere Effekte, z.B. einen Beckenschlag, den er auf Zeichen des Lehrers erklingen lässt.

- Eventuell Einzelförderung: Den Schüler fragen, ob er kurz mal dableiben kann. Danach mit ihm üben und – wie man das mal gelernt hat – kleinste Lernfortschritte sofort würdigen. Zuversicht zeigen.

- Da A-Rhythmiker auch oft im Sportunterricht und in den Rechtschreibleistungen auffallen, könnte man mit dem Sportlehrer und dem Deutschlehrer über eine gezielte, auch rhythmische, Förderung sprechen.

- Nicht verzweifeln, wenn der Schüler nicht alles Erwünschte lernen kann. Man kann auch mit wenig Begabten etwas erreichen, aber wir können nicht jeden einzelnen Schüler therapieren! Das gilt besonders für so große Lerngruppen wie wir sie in Deutschland immer noch haben.

- Eine kleine Hilfe (für alle Beteiligten) ist es auch, unsichere Schüler einfach leiser spielen zu lassen. Auch durch Auswahl leiserer Schlägel lässt sich manche Peinlichkeit vermeiden (siehe Stichwort *Schlägelauswahl*).

- Experimentelles Musizieren und Klangaktionen ohne Metrum und vorgeschriebene Melodien sind sehr wichtig in allen Jahrgängen. Hier haben A-Rhythmiker die gleichen Chancen wie rhythmisch begabte Kinder. Gerade wenn Kreativität gefragt ist, sind sie in keiner Weise benachteiligt.

Fest steht, dass gerade für A-Rhythmiker das praktische Musizieren von großer Wichtigkeit ist. Auch diagnostisch betrachtet kann eine gescheiterte Unterrichtsphase einen sehr hohen Wert haben: Man erfährt, wie schlecht es bei einigen Schülern mit der Rhythmik steht.

Stichwort „Arrangements"

Standard-Arrangement 1 hat fünf Durchgänge (man spricht auch von **Chorus**): Alle (**Tutti**) beginnen, dann spielt ein Schüler alleine (**Solo**). Tutti und Solo wechseln sich ganz einfach ab:

Standard-Arrangement 1:	
Formteil	**Erklärung**
Tutti	**Alle spielen** das KinderStundenStück einmal.
Solo 1	Ein Schüler musiziert zur Rhythmusgruppe.
Tutti	**Alle spielen** das KinderStundenStück einmal.
Solo 2	Ein Schüler musiziert zur Rhythmusgruppe.
Tutti	**Alle spielen** das KinderStundenStück einmal.

Standard-Arrangement 2 hat am Anfang und am Ende je einen doppelten Chorus (Tutti-Abschnitt), dazwischen nacheinander mehrere Soli:

Standard-Arrangement 2:	
Formteil	**Erklärung**
Tutti	**Alle spielen** das KinderStundenStück einmal.
Tutti	**Alle spielen** das KinderStundenStück einmal.
Solo 1	1. Schüler musiziert zur Rhythmusgruppe.
Solo 2	2. Schüler musiziert zur Rhythmusgruppe.
Solo 3	3. Schüler musiziert zur Rhythmusgruppe.
Solo 4	4. Schüler musiziert zur Rhythmusgruppe.
Tutti	**Alle spielen** das KinderStundenStück einmal.
Tutti	**Alle spielen** das KinderStundenStück einmal.

Standard-Arrangement 3 beginnt mit dem allmählichen Aufbau der Rhythmusgruppe (in der die Schüler dadurch auch mal eine Art Solo haben), dann folgen abwechselnd Tutti- und Solo-Teile. Den Abschluss bilden zwei Tutti-Durchgänge:

Standard-Arrangement 3:	
Formteil	**Erklärung**
Bassintro	Der Bassspieler musiziert; die Klasse begleitet mit Körperinstrumenten (z.B. bei Spielstück 2).
Bass + Gitarren	Der Bassspieler und die Gitarrenspieler musizieren; die Klasse begleitet mit Körperinstrumenten.
Bass + Gitarren + Drumset	Bass, Gitarren und Schlagzeuger musizieren; die Klasse begleitet mit Körperinstrumenten.
Bass + Gitarren + Drumset + Keyboard	Bass, Gitarren und Schlagzeuger und Keyboard musizieren, die Klasse bereitet sich vor auf...
Tutti	**Alle spielen** das KinderStundenStück einmal.
Solo 1	1. Schüler musiziert zur Rhythmusgruppe.
Tutti	**Alle spielen** das KinderStundenStück einmal.
Solo 2	2. Schüler musiziert zur Rhythmusgruppe.
Tutti	**Alle spielen** das KinderStundenStück einmal.
Tutti	**Alle spielen** das KinderStundenStück einmal.

Eckart Vogel KinderStundenStücke © Fidula

Stichwort „Arrangement und Improvisation"

Unter **Arrangement** versteht man im alltäglichen Sprachgebrauch die Anordnung von Gegenständen, Absprachen über Beziehungen etc., in der Musik die Einrichtung eines Musikstückes. Es geht um die Absprache, welche Strophen oder Melodien in welcher Reihenfolge aufeinander folgen, wo ein Vorspiel oder ein Zwischenspiel stattfinden soll, wer wann was spielt, wie das Stück beginnt und wie die Nummer endet.

Arrangement kann auch allgemein **Absprache** bedeuten. Sie ist dann das Gegenteil der **Improvisation**: Das ist eine Musik, die im Moment des Musizierens durch Ausprobieren, durch Zufall oder durch im Augenblick geplante vorausschauende ,Komposition' entsteht.

Man kann also während des Spielens *Melodien* erfinden, die es vorher nicht gegeben hat. Man kann dabei auch Elemente (z.B. *Motive*) einsetzen, die man schon mal gehört oder verwendet hat, ihnen aber in der Improvisation eine neue Rolle verleihen.

Im Jazz spricht man außerdem von der **Mikro-Improvisation**: Das sind kleine Abweichungen von den vorgegebenen Noten, also z.B. solche Elemente, die man beim klassischen Musizieren „Artikulation" oder „Tongebung" nennt.

Jedes Musikstück enthält – theoretisch gesehen – Arrangement **und** Improvisation. Auch der scheinbar ungeordnete Free Jazz enthält Absprachen, ebenso wird das scheinbar ganz genau vorgeschriebene Klavierstück während des Spielens ,gestaltet', also – wenn man so will – improvisiert.

Natürlich kann man schon mit Kindern wunderbar **improvisieren** oder „etwas ausprobieren" (siehe Seite 28 f. / 52 f.).

Meist können sich die Schüler den verabredeten Ablauf (also das **Arrangement**) besser merken als der Lehrer. Trotzdem oder deshalb sei hier auf die *Arrangement-Schilder* (siehe Stichwort *Basteln für Musiklehrer*) hingewiesen, die der Lehrer kurz vor einem neuen Abschnitt hoch hält.

Wie man mit Kindern *improvisieren* kann, wird ausführlich an anderer Stelle beschrieben: siehe Improvisationsmodelle (Nr. 19, 20, 39, 40).

Übrigens ist es auch möglich (gerade wenn nicht mehr viel Zeit ist), einzelne Schüler einfach nur die *Melodie* – solistisch – spielen zu lassen (siehe Stichwort *Solospiel*).

Das einfachste **Arrangement** kann also bereits darin bestehen, dass abwechselnd alle Melodiespieler (also der Großteil der Klasse) und ein einzelner Melodiespieler spielen:

Einfaches Mini-Arrangement	
Formteil	**Erklärung**
Tutti	**Alle spielen** die Melodie.
Solo 1	Ein Schüler spielt die Melodie.
Tutti	**Alle spielen** die Melodie.
Solo 2	Ein anderer Schüler spielt die Melodie.
Tutti	**Alle spielen** die Melodie.
usw.	usw.

Weitere einfache Arrangements finden sich unter dem Stichwort *Arrangements*.

Stichwort „Ausstattung I"

Zufriedenstellende Ausstattung
(für ca. 28 Schüler: pro Schüler ein Instrument)

Xylophone **8x** (mit fis/b)	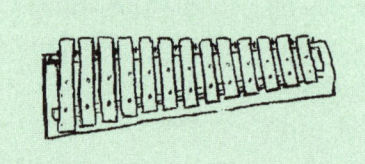	Dazu 8 Schlägel: z.B. Sonor Nr. 16, blau (evtl. auch härtere Schlägel für Soli, z.B. Sonor Nr. 105)
Glockenspiele **14x** (mit fis/b)	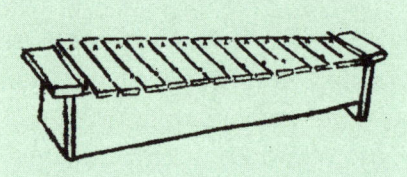	Dazu 8 Schlägel: einfache kleine Holzschlägel
Metallophone **6x** (mit fis/b, evtl. auch gis	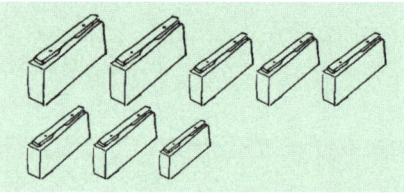	Dazu 8 Schlägel: z.B. Sonor Nr. 15, grau
Xylo-Bassstäbe c, f, g (evtl. auch d, a, e) oder ganzes Bassxylophon	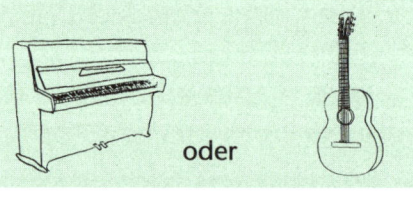	Dazu Paukenschlägel und weiche Xylophonschlägel (z.B. Sonor braun)
Klavier oder **Gitarre**	 oder	Lehrer begleitet auf dem Instrument, mit oder ohne Melodiespiel
Schlagzeugteile	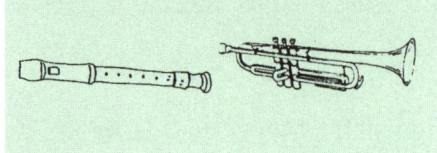	**Becken oder** HiHat **oder** Snare Drum (mit Sticks und Jazzbesen)
Von Kindern mitgebrachte Blockflöten, andere Melodieinstrumente		

Stabspiele sind Xylophone, Metallophone und Glockenspiele, ebenso Marimbaphon, Vibraphon und Bassstäbe.

Hinweis: Natürlich kann man auch im Klassenverband musizieren, wenn weniger Instrumente vorhanden sind. Die Schüler spielen dann abwechselnd die **Melodie**, die Lehrkraft begleitet auf einem **Akkordinstrument** (Gitarre, Klavier oder Akkordeon) das Melodiespiel der Schüler.

Wege zur Erweiterung Ihres Instrumentariums finden Sie unter dem Stichwort *Finanzierung*.

Eckart Vogel KinderStundenStücke © Fidula

Stichwort „Ausstattung II"
Erweiterte Ausstattung, Kl. 5-10 (28 Schüler)

Xylophone
8x
(mit fis/b)

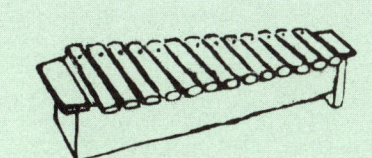

Dazu 8 (16) Schlägel:
z.B. Sonor Nr. 16, blau
(evtl. auch härtere Schlägel für
Soli, z.B. Sonor Nr. 105)

Glockenspiele
8x
(mit fis/b)

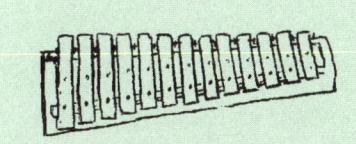

Dazu 8 (16) Schlägel:
einfache kleine Holzschlägel

Metallophone
4x
(mit fis/b, evtl. auch gis)

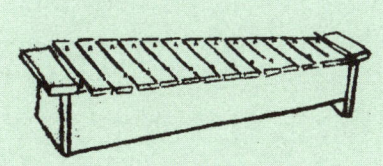

Dazu 8 Schlägel:
z.B. Sonor Nr. 15, grau

Drumset
(kleines Set reicht aus)

Dazu Sticks (kleine Köpfe,
evtl. Kunststoffkappen),
dazu 1 Paar Jazzbesen

Xylo-Bassstäbe
c diatonisch
(oder ganzes Bassxylophon)

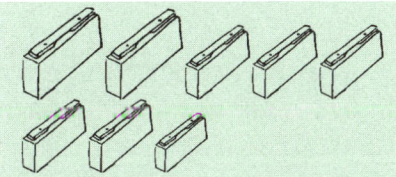

Dazu Paukenschlägel und
weiche Xylophonschlägel
(z.B. Sonor braun)

E-Bass, Kabel und Bassverstärker

Gut wäre auch
ein Keyboard

2-3 einfache Konzertgitarren

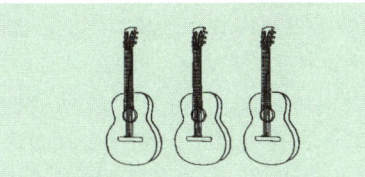

Luxuriös
wäre ein
Vibraphon

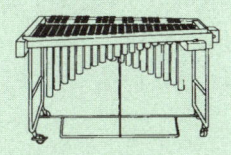

Percussion
Congas, Bongos, Maracas,
Claves (evtl. auch Guiro, Cow
Bell, Agogo Bells, Triangel)

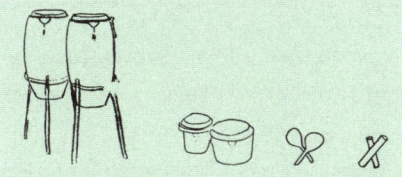

Evtl. auch Blockflöten, andere Melodieinstrumente

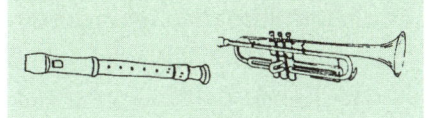

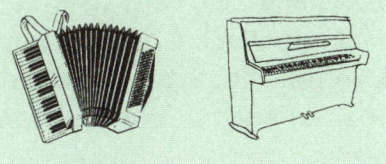

Stichwort „Bass"

In der populären Musik unterscheidet man vier instrumentale Ebenen:

1. die Melodie

2. die Akkorde

3. den Bass

4. das Schlagzeug.

Die Ebenen 2-4 werden auch zusammengefasst unter dem Begriff **Rhythmusgruppe**.

Die besondere **Aufgabe des Basses** ist die Definition der *Harmonie*. Der Bass spielt also meist den jeweiligen Grundton des *Akkordes*. Manchmal hat der Bass auch einen besonderen *Rhythmus*.

Folgende Bassinstrumente kommen für uns in Frage:

Die **Bassstäbe**: Sie sind in meisten Schulen vorhanden, bereits mit drei verschiedenen Stäben lassen sich sehr viele Lieder und Spielstücke begleiten. Bassstäbe werden mit einem weichen *Schlägel* angeschlagen, haben einen sehr präzisen Tonansatz und sind sehr einfach zu spielen. Es gibt auch ganze Bassxylophone, die dann alle Tonleitertöne enthalten. Ein Nachteil der Bassstäbe ist der sehr hohe Anschaffungspreis (siehe Stichwort *Ausstattung*).

Drehpauken: Sie gehören zur Grundausstattung des Orff-Instrumentariums und klingen sehr schön prägnant. Der Lehrer muss die Instrumente vor dem Spielen einstimmen und ab und zu nachstimmen. Schüler sollte man nicht dran drehen lassen. Leider sind die Instrumente recht empfindlich und relativ teuer.

Der **E-Bass (Bassgitarre)**: Ein einfaches Instrument kostet soviel wie ein einziger Tiefbassstab, nur dass man auf dem E-Bass alle Töne zur Verfügung hat. Hinzu kommt allerdings noch ein **Bassverstärker** (und ein Gitarrenkabel). Die *Lautstärke* das E-Basses ist regelbar, man hat eine Dynamik von „sehr leise" bis „sehr laut", was angesichts der wichtigen Funktion des Basses (siehe oben) von Nutzen ist. Großer Nachteil: Das E-Bass-Spiel erfordert ein gewisses Training (siehe Stichwort *E-Bass*).

Das **Klavier**: Es ist in den meisten Musikräumen vorhanden. Basstöne des Klaviers sind gut zu hören. Da man meist nur zwei oder drei Töne braucht, können diese auch von einem Schüler übernommen werden.

Ein **Keyboard**: Die meisten Keyboards haben mehrere Klangfarben in Basslage anzubieten, z.B. Klavierklänge. Eingebaute Lautsprecher sind allerdings oft zu leise und zu klein, um Basstöne wiedergeben zu können. Die bessere Lösung wäre hier ein richtiger **Synthesizer** (erzeugt Töne künstlich) bzw. ein **Sample-Player** (hat originale Instrumentenklänge gespeichert und spielt diese auf Tastendruck ab) mit einem **Keyboardverstärker**. Nachteil: Das Keyboard fällt dann als Akkord- oder Melodieinstrument aus.

Ein **Kontrabass**: Wer das Glück hat einen zu besitzen, kann die gleichen Töne wie auf dem E-Bass greifen. Wenn Töne mit der linken Hand gegriffen werden müssen, empfiehlt es sich, das Griffbrett zu markieren (z.B. mit Klebestreifen). Der Kontrabass müsste gezupft werden.

Eine **E-Gitarre (oder akustische Gitarre)** hat auch tiefe Basstöne zu bieten. Die 4 dickeren Saiten der akustischen Gitarre (und E-Gitarre) entsprechen den 4 Saiten der Bassgitarre. Immerhin entspricht der tiefste Gitarrenton dem tiefen E des Basses (im gemischten Chor).

Die **Basstöne** sind in dieser Sammlung im normalen Violinschlüssel notiert. Normalerweise benutzt man für Bassinstrumente einen Bassschlüssel (z.B. linke Hand des Klavierspielers), für Schüler ist das aber eine zusätzliche Erschwernis, auf die wir hier verzichtet haben.

Vom **Wechselbass** oder **Pendelbass** spricht man, wenn Grundton und Unterquarte sich abwechseln (z.B. Nr. 4). Ein hartnäckig gleich wiederholtes Bassmotiv heißt auch **Basso Ostinato**. Auf die 1 des Taktes muss aber der Grundton kommen. Eine **Basslinie** entsteht, wenn z.B. Tonleiterausschnitte oder Dreiklangsbrechungen gespielt werden.

Eckart Vogel KinderStundenStücke © Fidula

Stichwort „Basteln für Musiklehrer"

Bei aller Geistesarbeit, die man zur Vor- und Nachbereitung des Unterrichts aufzubringen hat, ist es oft sehr erfüllend, sich auch gelegentlich mit kleineren oder größeren Basteleien zu beschäftigen: Auch für Musiklehrer ist vernetztes Arbeiten und die Einbeziehung aller Sinne von großem Vorteil. Die folgenden Hinweise auf solche Basteleien sind natürlich nicht in erster Linie zur Regeneration ermatteter Lehrergehirne gedacht. Sie sind vielmehr äußerst nützlich und können (ohne großen finanziellen Aufwand) die musikalische Arbeit mit Kindern sehr erleichtern.

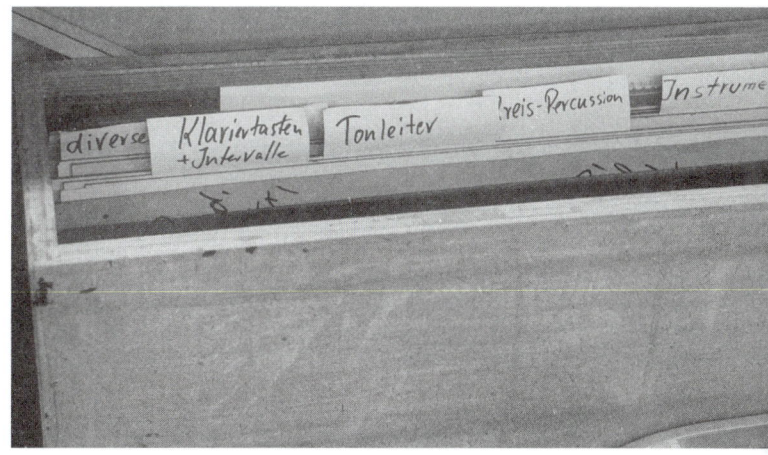

Die hier aufgeführte Übersicht verweist bei detaillierteren Bastelanweisungen auf andere Stichworte:

1. **Ereigniskarten** (siehe Stichwort) können eingesetzt werden zur *Improvisation* und zur Analyse von Musik.

2. **Arrangement-Schilder** (z.B. 15 x 30 cm) zur spontanen Improvisation eines Ablaufes: Man übt die Elemente ein, danach wird auf Zeichen und/oder Zuruf der entsprechende Abschnitt musiziert.

Thema (Tutti)	**Solo**	**Stop Break!**	**Bald ist Schluss!!**

3. **Folien der Noten** lassen sich heutzutage mit jedem Kopiergerät erzeugen. Es ist kein Manko, wenn man die Tonnamen dazuschreibt. Wir wollen schließlich vor allem musizieren, nicht in erster Linie Musiktheorie betreiben (siehe Stichwort *Notenlehre*). Sinnvoll kann es sein, nicht alle Noten zu beschriften, z.B. wenn ein Motiv *sequenziert* wird (siehe Stichwort *Form*): In diesem Fall sollte man nur das erste *Motiv* beschriften, vom sequenzierten *Motiv* nur den ersten Ton angeben.

4. **Tonnamenstreifen für Klavier und Keyboard:** Auch wenn man alle Jahre wieder die Klaviertasten im Unterricht behandelt hat, wird nicht jeder Schüler die Tonnamen immer parat haben. Dazu ein Vorschlag: Man fertigt einen ca. 2 cm breiten Papierstreifen an, der so lang ist wie die Tastatur, klebt ihn an der Fläche über den Tasten an den Enden mit Tesa fest und beschriftet ihn: nur weiße Tasten, evtl. die häufiger verwendeten (oder alle) schwarzen Tasten:

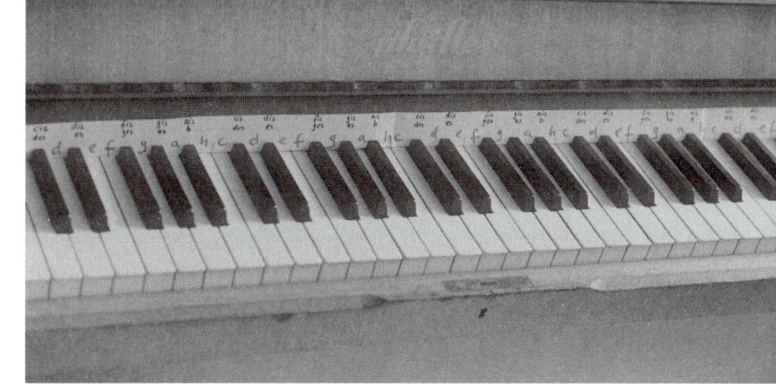

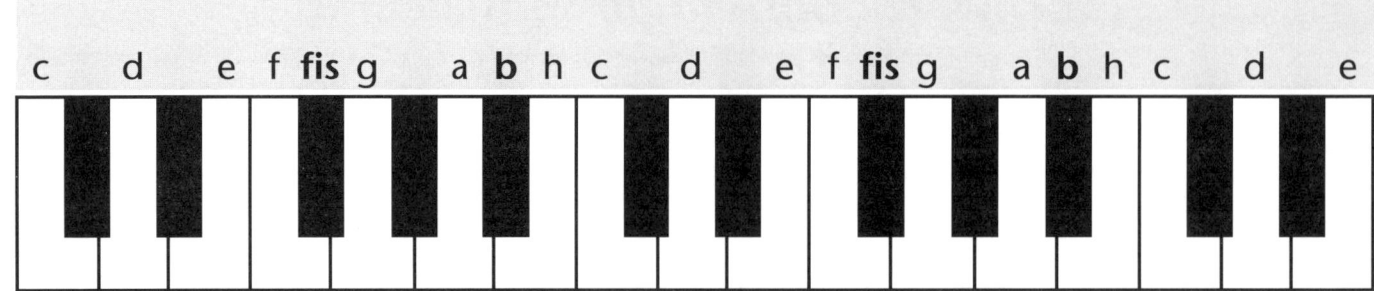

c d e f **fis** g a **b** h c d e f **fis** g a **b** h c d e

Nun kann jeder Schüler das Keyboard oder das Klavier benutzen. Übrigens kann man den Ehrgeiz wecken, wenigstens bei Aufführungen auf den Papierstreifen zu verzichten.

Das gleiche gilt auch für die glücklichen Besitzer von Vibraphon oder Metallophon. Hier kann der Streifen ca. 10 cm breit sein. Er kann in der Regel auf die ‚schwarzen' Töne gelegt werden, da diese von uns kaum benutzt werden. Der Papierstreifen ist ‚für die Ewigkeit' gedacht, sollte also mit Bucheinschlagfolie geschützt oder laminiert werden.

5. **Das BITTE-RUHE-Schild:** ca. DIN A3, evtl. auf Sperrholz geklebt. Es beendet Übungsphasen, kann Gruppen- oder Partnerarbeit abschließen oder den Stundenbeginn erleichtern. Eventuell kann es ergänzt werden durch die Zusätze:
   * Schlägel aufs Instrument
   * Nicht spielen
   * Nicht reden.

6. **Dämpfer für Metallophone:** Wenn der lange Nachklang der Instrumente stört, kann er abgedämpft werden (siehe Stichwort *Dämpfung von Metallophonen*).

7. **Große Klaviertasten:** Man vergrößert die Abbildung der Klaviertasten (siehe im Register: *Klaviertasten*) bis auf Schaubildgröße. Achtung: Selbst in den meisten Musikbüchern sind die Klaviertasten falsch abgebildet. Sehen Sie sich Ihr Klavier/Keyboard mal genauer an: Am oberen Ende müssen schwarze und weiße Tasten gleich breit sein. Dann kann man nämlich wunderbar am oberen Tastenrand die Intervalle ablesen (siehe Stichwort *Akkorde*).

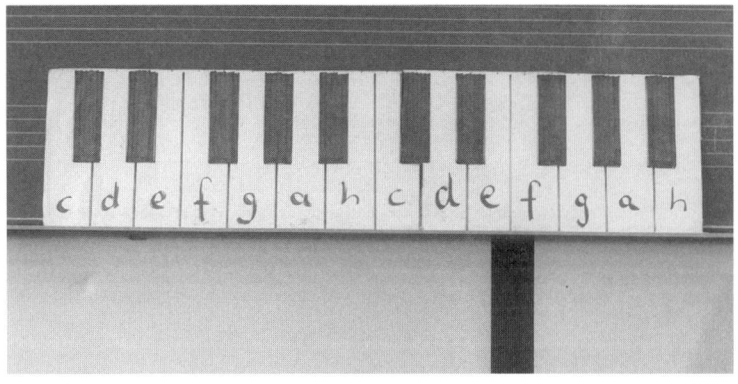

8. Große Akkordkarten: siehe Stichwort *Akkorde*.

Zeichnen Sie die Intervallkarte (siehe Stichwort *Intervalle*) in der Größe ab, die zu den eben beschriebenen „großen Klaviertasten" passen. So lassen sich problemlos *Akkord*-Zusammensetzungen, *Tonleiter*-Strukturen und alle *Intervalle* ablesen. Man legt den ‚Maßstab' einfach oben an den *Klaviertasten* an, dort, wo weiße und schwarze Tasten gleich breit sind.

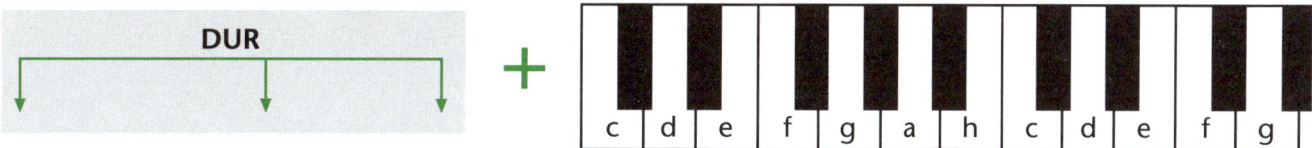

Legt man die Tastenreihe jetzt vor die „große Karte Dur", kann man an den Pfeilen die drei Dreiklangstöne aller Durakkorde ablesen:

G-Dur = g-h-d   **D-Dur = d-fis-a**

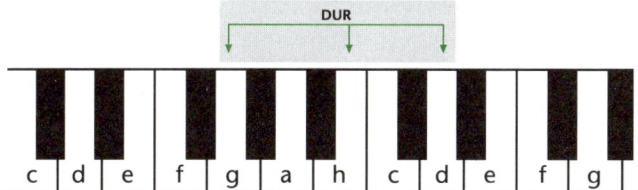   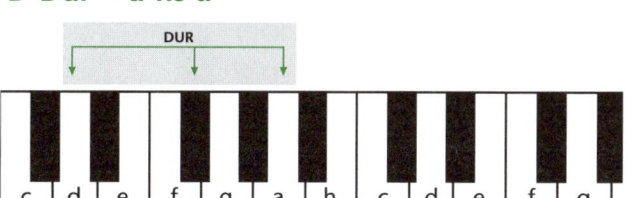

Ebenso können Sie auf „großen Karten" *Mollakkorde*, ganze *Tonleitern* (siehe Stichwort) oder auch nur *Intervalle* mit Pfeilen markieren, um sie anschließend in allen Tonarten ablesen und demonstrieren zu können.

9. Die Schlägelkiste: siehe Stichwort.

10. Akkordübersicht Gitarre: Vergrößern Sie (mit dem Kopiergerät) die benötigten Gitarrengriffe, kleben Sie diese auf ein großes Plakat (siehe Stichwort *Gitarre*, Seite 89).

11. Die Töne auf dem E-Bass: Wenn Sie einen E-Bass besitzen und einsetzen, vergrößern Sie die Übersicht (siehe Stichwort *E-Bass*, Seite 80).

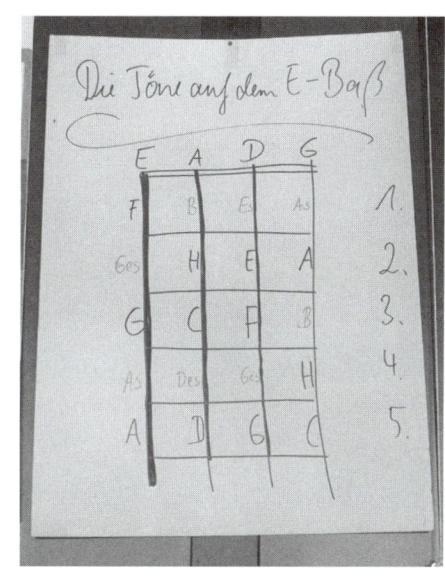

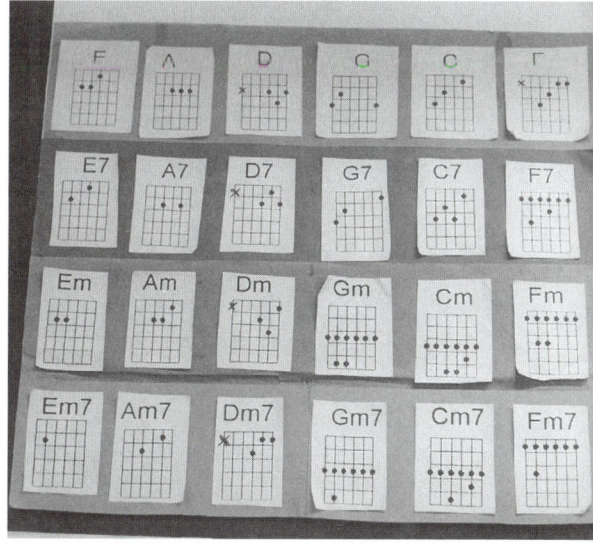

12. Schlägel selber basteln: Ein harter Kern wird nach dem Muster professionell gefertigter Schlägel mit Wolle umwickelt.

13. Wen der etwas deftige Klang nicht stört, der kann auch für jeden Schüler ein Paar **Klangstäbe (Claves)** basteln (aus alten Besenstielen gesägt) und damit üben.

14. Rhythmische Motive oder rhythmisch-melodische Motive werden auf große **Motiv-Karten** geschrieben:

Bleib, wie du bist!

Man kann auch auf ein Plakat mehrere Rhythmen mit entsprechendem Text untereinander schreiben. Dies ist zu empfehlen z.B. bei rhythmischen Ratespielen (siehe Stichwort *Einschwingen*).

Stichwort „Beidhändigkeit"

Neben der Frage nach der Wichtigkeit des Notenlernens im allgemeinbildenden Musikunterricht hat auch die Frage des beidhändigen Spiels auf Orff-Instrumenten den Charakter einer ‚Gretchenfrage'. Man sollte mit Kindern von Anfang an beidhändiges Spiel üben...

- weil manche Melodien leichter spielbar werden

- weil beide Gehirnhälften aktiviert werden

- weil es besser und professioneller aussieht (Aufführungen)

- weil es anfänglich schwieriger ist, das Erlernen ‚wertvoller' wird

- weil man beim Spielen ein Gefühl von Ausgewogenheit und Ausgeglichenheit bekommt

- weil der Rhythmus besser ‚groovt'

- weil es Tonfolgen gibt, die man beidhändig spielen muss.

Man kann ohne weiteres die meisten Spielstücke mit seiner Lieblingshand spielen...

- weil die KinderStundenStücke fast alle einfach und langsam sind, so dass Beidhändigkeit kaum nötig ist

- weil man doppelt so viele Schlägel braucht (Kostenfrage!)

- weil die Einstudierung viel mehr Zeit in Anspruch nimmt

- weil Rhythmik und Musizieren im Vordergrund stehen.

Es gibt Spielstücke für Fortgeschrittene, die beidhändiges Spiel erfordern. In Wahlpflichtkursen, beim therapeutischen Musizieren oder in reinen Musizierklassen ist sicherlich Beidhändigkeit von Anfang an zu empfehlen, weil sie später nützlich ist. Sie ist allerdings – das muss man sich bewusst machen – ein **zusätzliches** Lernziel, das sehr viel Zeit erfordert.

Zum **beidhändigen Melodiespiel** im Unterrichtsalltag einige Ideen: Wer meist einhändig spielen lässt, fordert die Kinder ab und zu auf, die ‚schlechte' Handseite zu nehmen. Oder man bietet immer mal wieder die Möglichkeit an, beidhändig zu spielen: „Wer will, darf mit zwei Schlägeln spielen." Oder man sucht ein Stück aus, bei dem gezielt beidhändiges Spiel geübt wird (z.B. Nr. 33, 34, 36).
Im übrigen sei darauf verwiesen, dass alle Klatsch- oder Trommelübungen im Stuhlkreis (siehe Kapitel *Einschwingen*), alle *Körperpercussions*-Übungen (siehe Stichwort) und alle zweistimmigen Begleitstimmen (z.B. Nr. 6) beidhändig gespielt werden.

Stichwort „Bibliographie"

Allgemeine Musiklehre:

- Christoph Hempel, Neue Allgemeine Musiklehre, Mainz 1997, Atlantis-Schott, Serie Musik, ISBN 3-254-08200-1
- dtv-Atlas Musik, München 2001, Deutscher Taschenbuch Verlag, ISBN 3-423-08529-0

Theorie der Jazz- und Popmusik

- Sigi Busch, Jazz & Pop Musiklehre, 71992, Advance Music, ISBN 3-89221-001-2
- Axel Jungbluth, Jazz Harmonielehre, Mainz 1981, Schott Verlag, ISBN 3-7957-2412-0
- Joe Viera, Grundlagen der Jazzharmonik, Reihe Jazz Band 2, Wien 1970/1983, Universal Edition, ISBN 3-7024-0085-0

Improvisation

- Sigi Busch, Improvisation im Jazz, ein dynamisches System, 1996 Advance Music, ISBN 3-89221-043-8
- Jamey Aebersold, Ein neuer Weg zur Jazzimprovisation, für alle Instrumente, vollständig überarbeitete und erweiterte Ausgabe, mit CD, 61996 Advance Music, Best.-Nr. 14001
- Joe Viera, Improvisation und Arrangement, Reihe Jazz Band 3, Universal Edition Wien 1971/1984, ISBN 3-7024-0171-7

Percussion

- Harald Weiß, Schlagzeug-Werkstatt, Mainz 1980, 3 Bände: 1. Idee und Ansatz (ED 6860), 2. Ensemblestudien 1-6 (ED 6861), 3. Ensemblestudien 7-12 (ED 6862)
- Jürgen Zimmermann, JUBA – Die Welt der Körperpercussion, Fidula, Best.-Nr. 338 (Video: Best.-Nr. 738)
- Conny Sommer, Lehrbuch für Cajón (mit CD), Selbstverlag, E-mail-Adresse: csommer111@yahoo.de

Spielerischer Umgang mit Noten:

- Dankmar Venus, Unterweisung im Musikhören, Heinrichshofen's Verlag, Wilhelmshaven 1984, ISBN 3-7959-414-9
- Werner Rizzi, Musikalische Animation – Arbeitsmaterialien für eine Musikwerkstatt mit Notenbeilagen zu drei Spielstücken, Fidula, Best.-Nr. 333
- Klaus Holthaus, Klangdörfer – Musikalische und soziale Vorgänge spielerisch erleben, 100 erprobte Spiele und ausgewählte Beispiele ihrer methodischen Verwendung, Fidula, Best.-Nr. 336
- Zeitschrift: Werner Beidinger (Hg.), musikpraxis – Musik und Bewegung in Kindergarten und Musik- und Grundschule, vier Hefte im Jahr
- Heinz Lemmermann, Lehrerband zum Liederbuch „Die Sonnenblume", Fidula, Best.-Nr. 954

Stichwort „Blockflöte"

Bei einigen KinderStundenStücken wird der Einsatz einer Blockflöte vorgeschlagen. Man sollte sich aber vergewissern, ob die Aussage „ich kann Blockflöte spielen" wirklich stimmt.
Für Kinder sind bereits schwierig zu spielen:

- hohes e'' (und höher) wegen des Überblasens

- die Töne b und fis.

Die meisten Blockflöten müssen relativ kräftig angeblasen werden. Gerade solistisch musizierende Kinder spielen aus Schüchternheit zu schwach und erzeugen damit einen zu tiefen Ton. Beim Einsatz mehrerer Blockflöten ist ein kräftiger, selbstbewusster Ansatz noch wichtiger.
Trotz der angedeuteten Probleme kann der Einsatz von Blockflöten ein sehr schöner Effekt sein und Kinder auf die Möglichkeit des privaten Musikunterrichts hinweisen.

Sehr schön ist auch der Einsatz von F-Flöten (Altblockflöten).

Stichwort „Computereinsatz"

Für viele Musiklehrer ist es ein Graus, dass sie nun auch noch im Musikunterricht den PC einsetzen sollen. Sollen sie nicht. Auch der Autor selbst tut das nur in Ausnahmefällen, denn der PC-Einsatz im Unterricht ist – neben allen ästhetischen Einwänden – eine zusätzliche Sache, auf die zu achten ist, neben all den Dingen, die man beim Klassenmusizieren ohnehin schon gleichzeitig wahrnehmen und auf die man reagieren muss.
Manchmal kann der PC (wenn man damit umgehen kann!) aber auch die Arbeit (in Bezug auf unsere KinderStundenStücke) unterstützen:

- beim Komponieren und Ausdrucken eigener Noten (Notationsprogramm)

- beim Austausch von Materialien übers Internet (Notendateien oder Sounddateien)

- beim Training in der Musikstunde: Ein dort gespeichertes Spielstück lässt sich nicht nur im **Tempo** beliebig und stufenlos verändern, man kann auch das imaginäre **Schlagzeug** mitspielen lassen. Man kann auch einen perfekten **E-Bass** dazu spielen lassen oder eine schöne **Rhythmusgitarre** (mit Hilfe eines multimodalen MIDI-Keyboards und Sequenzerprogramms, mit dem die Stimmen manuell eingespielt werden müssen, bzw. einer Playback-Begleitsoftware wie „Band-in-a-box").

Das Spiel zu einem **Playback** bringt zwar musikalische Einschränkungen mit sich, fördert aber enorm das Hören. Es ist nicht einfacher als Live-Musizieren, da die optische Kontrolle völlig entfällt.

Stichwort „Dämpfung von Metallophonen"

Metallophone sind sehr gut geeignet für lange Klänge, z.B. für *halbe* oder *ganze* Noten. Auch *Drei-* oder *Vierklänge* lassen sich sehr gut auf Metallophonen spielen.

Probleme entstehen aber, wenn man schnellere Bewegungen spielen will, z.B. *Viertel- oder Achtelnoten*, noch dazu, wenn diese in Tonleiterschritten vorkommen.

Dazu die folgende **Bastelanleitung**: Man näht ein längliches Säckchen aus einem Stoffrest, füllt dieses zu etwa zwei Dritteln mit Körnern (z.B. Dinkel), näht es zu und legt es dann auf die Enden der Klangstäbe. Der lange Nachklang wird damit vermieden und die Metallophone können zum Melodiespiel eingesetzt werden.

Der **„Lütjenburger Dinkel-Dämpfer"**:

- Stoffstreifen, ca. 44 x 15 cm

- längs falten, ein Ende und die lange Seite zunähen

- dann umkrempeln (sieht besser aus, weil die Naht verdeckt wird) und zu zwei Dritteln mit Körnern befüllen, Öffnung zunähen.

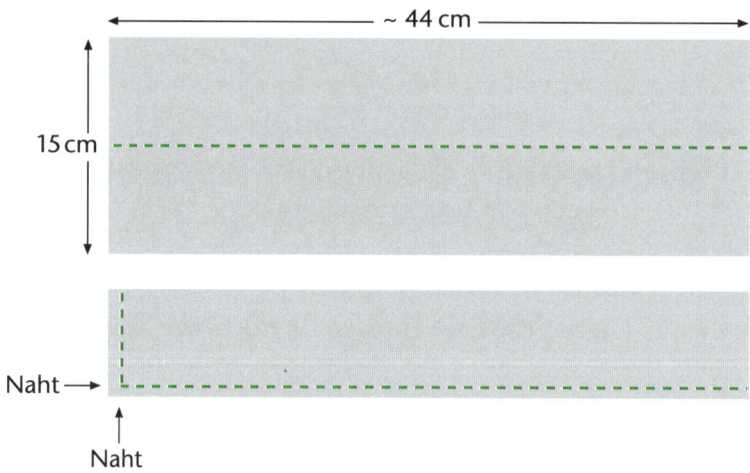

Eckart Vogel KinderStundenStücke © Fidula

Stichwort „Dreiklänge"

Akkorde sind ‚Mehrklänge', d.h. mehrere Töne klingen zugleich. Meist meint man damit **Dreiklänge** (drei Töne zugleich) oder **Vierklänge** (vier Töne zugleich). Ein normaler Dreiklang besteht aus dem **Grundton** (dem 1. Ton), der **Terz** (dem 3. Ton) und der **Quint** (dem 5. Ton) einer *Tonleiter* (siehe Stichwort *Tonleitern*).

Mit Hilfe einer einfachen **Schablone** (siehe Seite 69 ff.) lassen sich am oberen Tastenrand der Klaviatur z.B. alle **Dur-Dreiklänge** ablesen:

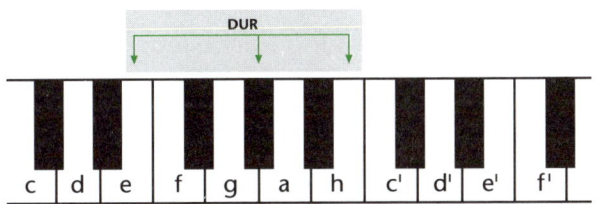 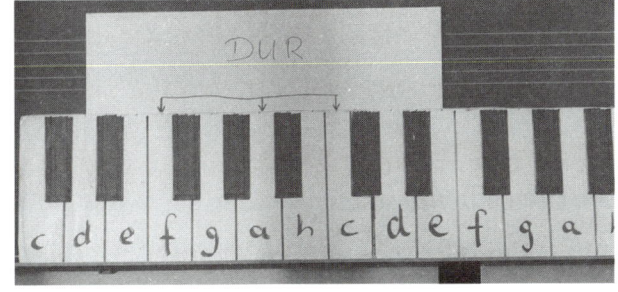

Die drei Töne von z.B. F-Dur heißen also f-a-c', die drei Töne von E-Dur heißen e-gis-h.
Die Akkordtöne können auch neu geordnet werden:
Der Akkord F-Dur kann auch umgestellt werden zu a-c'-f ' (**1. Umkehrung** – nicht zu verwechseln mit dem Begriff „Umkehrung", der unter dem Stichwort *Form* genannt wird) oder zu c'-f'-a' (**2. Umkehrung**). Der Klang bleibt also F-Dur, egal in welcher Position die drei F-Dur-Töne stehen.
Wie an der Schablone abzulesen ist, besteht der **Durakkord** aus unterschiedlichen *Intervallen*, nämlich zuerst einer *großen*, dann einer *kleinen Terz* (siehe Stichwort *Intervalle*).

Der **Mollakkord** besitzt diese *Intervalle* in anderer Reihenfolge – zuerst die kleine, dann die große Terz:

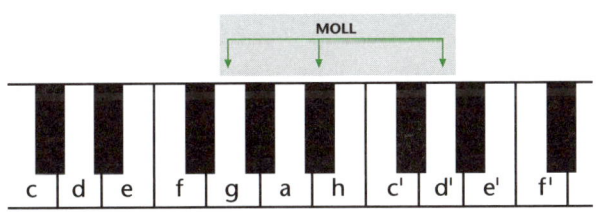 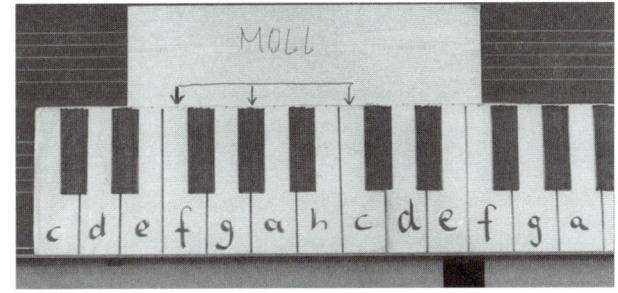

F-Moll beispielsweise besteht also aus den Tönen f-as-c, g-Moll aus den Tönen g-b-d'.
Alle anderen Dur- und Mollakkorde kann man jetzt mit Hilfe solcher Schablonen ablesen (siehe auch Stichwort *Basteln*). Hier ein Überblick über alle in diesem Spielheft verwendeten **Dreiklänge**. Die Reihenfolge und die Lage der Töne sind beliebig. Auf dem Klavier wird man die *Akkorde* am besten in *Schlossnähe* greifen.

DUR-Akkorde		MOLL-Akkorde	
F	f-a-c	Dm	d-f-a
C	c-e-g	Am	a-c-e
G	g-h-d	Em	e-g-h
D	d-fis-a		
E	e-gis-h		

Wie unschwer zu erkennen ist, lassen sich fast alle Akkorde mit den weißen Klaviertasten (also auch mit den allereinfachsten Stabspielen) darstellen. Der alterierte Ton fis kann in Stabspiele eingebaut werden, gis liegt bei uns in den Keyboardstimmen.

Stichwort „Drumset"

Natürlich steht nicht jedem Musiklehrer ein komplettes Drumset zur Verfügung. Für den Musikunterricht ab der 5. Klasse wäre das jedoch anzustreben. Als Ausgangsbasis ist ein kleines Set völlig ausreichend:

- eine Basstrommel (**Bass Drum**) mit Fußmaschine
- eine normale Trommel (**Snare Drum**)
- ein Ride-Becken (**Ride** Cymbal)
- evtl. ein(e) **HiHat** (hieß früher Charlestonmaschine).

Mit dieser Minimalausstattung lassen sich alle ,Beats' der vorliegenden Sammlung darstellen.

Wenn eine Drumset-Stimme Bass Drum, Snare Drum **und** Becken (oder HiHat) enthält, muss man arbeitsteilig vorgehen.

1. Spieler: rechter Fuß Bass Drum, linke Hand Snare Drum
   (Spielanleitung im ¼-Takt „Fuß-Hand-Fuß-Hand...")
2. Spieler: Becken (HiHat)

Bei der **HiHat**-Stimme bedeutet cl. (**closed**), dass die Becken geschlossen sind (Fuß auf dem Pedal liegen lassen), und op. (**open**), dass die Becken offen sind (Fuß hoch). Man kann und sollte die ,Fallhöhe' des oberen Beckens übrigens vorher einstellen.
Das Ride-Becken spielt man nur mit der **Spitze** des Trommelstocks auf der Oberfläche des Beckens. Die Beckenkante ist tabu. Auch die gewölbte Mitte des Beckens wird nur für besondere Effekte genutzt.

Ein **vollständiges Drumset** hat zusätzlich zu den abgebildeten Schlagzeugteilen ein weiteres Becken (**Crash Cymbal**) für besondere Knalleffekte (z.B. Schlüsse; hier ist auch mal ein Kantenschlag erlaubt), außerdem drei Tomtoms: ein **Standtomtom** und zwei **Hängetomtoms**. In der Kurzsprache der Drummer heißen Tomtoms auch einfach **Toms**.

Wer nur eine Snare Drum besitzt, kann mit Hilfe von **Jazzbesen** (aus Holz oder Metall) verschiedene Klänge/Geräusche erzeugen (z.B. Reiben und Schlagen abwechselnd). Ersatzweise kann man auch mit Jazzbesen auf einem *Pappkarton* spielen, das klingt nicht schlecht.

Die Auswahl der **Drum Sticks** (Trommelstöcke) muss durch Ausprobieren ermittelt werden. Schlanke **Sticks** mit **kleinen Kappen** (auch gerne mit **Kunststoffkappen**) klingen schön leise, schwere Sticks mit großen Holzköpfen sind eher für laute Rockmusik geeignet.

Eine kostengünstige Alternative für Bass Drum und Snare Drum ist eventuell auch der *Cajón*. Das ist eine Holzkiste (auf der man auch sitzt), deren lose verschraubte Frontplatte mit den Händen angeschlagen wird (siehe auch Stichwort *Bibliographie*). Auf der Rückseite des Instrumentes befindet sich ein großes Schallloch.
Ein „Cajón la Peru" (es gibt einen kleinen kubanischen Cajón und einen großen aus Peru, letzterer ist gemeint):

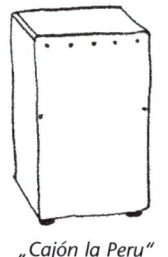

„Cajón la Peru"

Findige Musikpädagogen mit mangelhafter Ausstattung ersetzen das Drumset durch *Körperpercussion* oder Ersatzinstrumente: eine alte Teekiste als Bass Drum, ein Schellentamburin als Snare Drum, einen Schellenkranz als Ride-Becken. Aber das ist nur ein schwacher Ersatz und eignet sich eher für Musikclowns.

Eckart Vogel KinderStundenStücke © Fidula

Stichwort „Drumset-Notation"

Während für die Notation von Percussionsinstrumenten oft nur eine einzige Linie verwendet wird, erfolgt die Notation eines Drumsets in einer vollständigen Notenzeile mit fünf Linien.

Die Notation ist leider nicht ganz einheitlich festgelegt. Man benutzt aber immer den Schlagzeugschlüssel, und dann erkennt jeder Schlagzeuger einfache Drumbeats. Bei Spezialeffekten wird einfach etwas dazugeschrieben.

kombiniert:

B.Dr. = Bass Drum   **Sn.Dr.** = Snare Drum   **R.C.** = Ride Cymbal   **HH** = HiHat
Die **Toms** kommen in diesem Heft noch nicht vor, sie werden als **normale Noten** notiert, wie alle Fellinstrumente des Drumsets. **x** bedeutet Metallklang.

Stichwort „Dynamik"

Bei unseren kurzen Spielstücken für Stabspiel-Einsteiger wurde fast überall auf Angaben zur Dynamik (**Lautstärke** und **Lautstärkeänderung**) verzichtet. Musizieren mit unterschiedlichen Lautstärken ist nämlich äußerst schwierig und will ausgiebig geübt sein. Der musikalische Parameter Lautstärke ist eine Abstraktion, die man von Kindern nicht ohne weiteres verlangen kann.

Auf die Lautstärke kann man eingehen:

- beim *Üben*: Wenn alle zugleich ihre Stimme üben, sollten sie z.B. die *Schlägel* umdrehen

- wenn einzelne Schüler (z.B. bei einem *Solodurchgang*) die Töne zu sanft oder zu hart anschlagen

- wenn der *E-Bass* zu laut (oder zu leise) eingestellt ist

- wenn das *Keyboard* zu wenig oder zu kräftig zu hören ist

- wenn alle ‚laufen', also schneller werden: Dann kann ein Durchgang im Piano (leise) alles wieder beruhigen; die meisten Menschen verändern mit der Lautstärke auch das Tempo

- wenn die *Rhythmusgruppe* beim Begleiten des *Solisten* zu kräftig ist

- wenn es vom *Arrangement* her sinnvoll ist: vorletzter *Chorus* leise, letzter Chorus laut

- wenn man eine ‚Blende' (*Fade Out*) am Schluss spielt, wenn also alle zugleich leiser werden sollen. Das ist auch ein schöner Effekt am Ende der Stunde.

Zahlreiche Rock- und Popmusikstücke haben, abgesehen von Einleitung (Intro) und Schluss (Outro), eine Einheitslautstärke. Das ist z.B. beim Tanzen sehr von Vorteil.

Stichwort „E-Bass"

Obwohl die wichtigsten **Basstöne** leicht zu finden und zu merken sind, erfordert das E-Bass-Spiel eine gewisse Geschicklichkeit: Denn es dürfen nie zwei oder mehr Basstöne gemeinsam erklingen. Bevor ein neuer Ton erklingt, muss also der alte Ton abgestoppt werden (Kommando „Zupf-Stop-Zupf-Stop").
Auch das Greifen der Töne will trainiert sein: Man muss die Saite mit der linken Hand relativ fest auf das **Griffbrett** drücken. Die rechte Hand muss die gleiche Saite zupfen, die die linke Hand greift! Meistens findet sich schnell ein Schüler, der diese Aufgabe bewältigen kann.
Und hier die Töne:

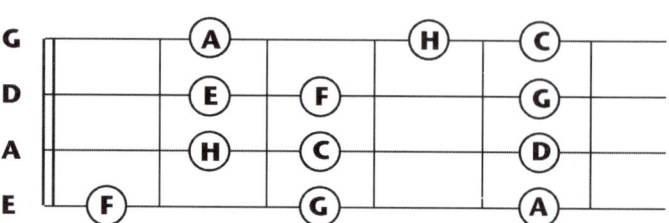

Wer will (und es vormachen kann), kann bereits in der Grundschule ab der 3. Klasse Leersaiten oder zwei Töne im Quartabstand spielen lassen. Spätestens ab der 6. Klasse können alle im Buch vorkommenden Bassfiguren auch auf dem E-Bass gespielt werden.
Dieser muss elektrisch verstärkt werden. Da man sowohl am Instrument als auch am Bassverstärker die Klangfarben regeln kann, empfiehlt sich zweierlei:
1. am Instrument alle Regler voll aufdrehen (nach rechts)
2. am Verstärker alle Klangfarbenregler (Höhen, Mitten, Tiefen) zunächst auf Mittelposition stellen, dann nachregeln.

Vorsicht mit der Lautstärke! Der **Lautstärkeregler** des Verstärkers muss immer zuerst **aus** sein. Dann einschalten, dann vorsichtig aufdrehen. Der E-Bass sollte sich übrigens mindestens 2 m vom Verstärker entfernt befinden, sonst gibt es Brummgeräusche.

Eckart Vogel KinderStundenStücke © Fidula

Stichwort „Eingestrichene Oktave"

Die am meisten benutzte Tonlage beim Singen mit Kindern ist die sogenannte „eingestrichene Oktave", die sich zwischen c' und h' befindet (danach – ab c'' – beginnt die zweigestrichene Oktave).
Dabei handelt es sich um die *C-Dur-Tonleiter*, die beim **Schloss-C** des Klaviers beginnt:

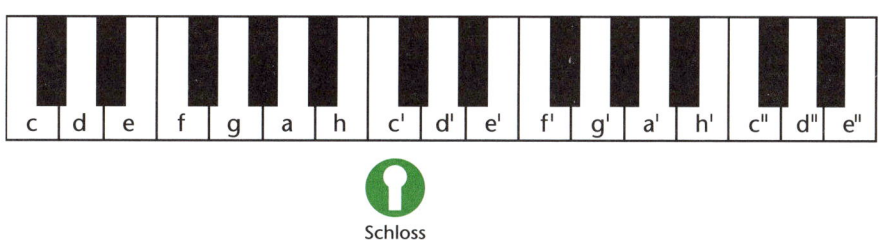

Klavierspieler spielen die Töne so, wie sie notiert sind:

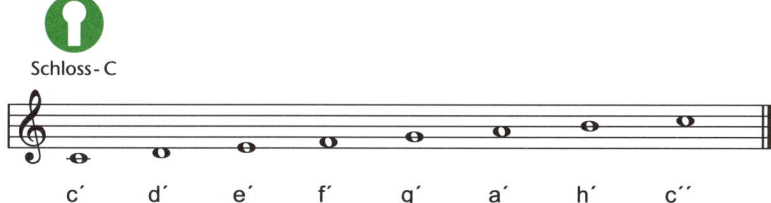

Bei unseren *Stabspielen* ist das nur zum Teil der Fall: *Sopranxylophone* klingen meist eine *Oktave* höher als notiert, *Glockenspiele* sogar zwei Oktaven. Für uns ist das meist ohne Belang, da ohnehin mehrere Instrumentengruppen gleichzeitig spielen. Wichtig ist vor allem, dass der *Bass* tatsächlich die tiefste Stimme ist. Sollte einmal, verursacht durch Zufälle bei der Besetzung, die Melodie schlecht zu hören sein, weil sie z.B. von Begleit*akkorden* verdeckt wird, müssen diese eben leiser gespielt oder leisere *Schlägel* verwendet werden. Oder die Melodie ertönt lauter.
Also: Ob das *Xylophon* tatsächlich in der eingestrichenen Oktave erklingt oder acht Töne höher, kann uns egal sein. Interessant zu wissen ist es dennoch, denn in seltenen Fällen können unerwünschte Dissonanzen entstehen: wenn beispielsweise im Akkord C^{7j} eine große *Septime* h (in der Akkordstimme) zu einem Melodieton c' erklingt (siehe Stichwort *Akkorde*). Diese scharfe *Dissonanz* lässt sich abmildern durch Wechsel der Klangfarbe (weicher Streicherklang des Keyboards) oder eben ganz beseitigen durch Oktavierung.

Klassische Gitarrenspieler musizieren – genau wie bei Glockenspiel oder Xylophon – nach Noten im Violinschlüssel, das Instrument erklingt aber acht Töne tiefer. *Sopranblockflöten* klingen dagegen eine *Oktave* höher als sie notiert sind (weshalb man auch gerne Alt- oder Tenorblockflöten einsetzt).
Ganz kompliziert und wirklich problematisch wird erst der Einsatz von transponierenden Instrumenten wie der Klarinette: Dort klingen alle Töne einen Ganzton tiefer als sie notiert sind. Aber das ist ein Kapitel für sich. Interessierten und Betroffenen seien die *SwingStundenStücke* des Autors empfohlen. Dort steht alles Nötige zum Thema.

Stichwort „Einschwingen"

Um die Fähigkeiten der Schüler im rhythmischen und rhythmisch-melodischen Bereich zu fördern, bietet es sich an, als Vorbereitung der Spielstücke – aber auch unabhängig von ihnen – ‚Einschwingübungen' durchzuführen. Material dafür bieten die sechs Sammlungen des Kapitels „Einschwingen" (siehe Seite 54 ff.), die im *Dreiviertel-* und *Viervierteltakt*, in normalen *Achteln (Latin)* oder im *Swing* stehen.
Dieses Einschwingen kann im *Stuhlkreis* (siehe Stichwort) mit *Körperinstrumenten*, Fellinstrumenten oder mit aufgebauten *Melodieinstrumenten*, also den Stabspielen und ggf. Tasteninstrumenten, erfolgen.

Beispiele für Übungen ohne Musikinstrumente

- Die Lehrkraft spricht einen rhythmisierten Satz vor, die Schüler wiederholen ihn. Sofort folgt der nächste Satz. Sinnvoll kann es hier sein, den *Puls* in Form eines *Metronoms* oder eines über den PC abgespielten gleichmäßigen *Beats* mitlaufen zu lassen.

- Die Lehrkraft spricht einen rhythmisierten Satz vor, die Schüler klatschen oder trommeln anschließend den *Rhythmus* nach.

- Ein rhythmisierter Satz wird gesprochen und geklatscht, er wandert von Schüler zu Schüler im Kreis weiter. Bei entsprechender Sicherheit wird ein zweiter Rhythmus (im Takt!) hinterhergeschickt. Diese ‚wandernden' Rhythmen können auch nur vokal oder nur instrumental (bzw. durch Klatschen) weitergegeben werden.

- Übung für fortgeschrittene Lerngruppen: Aus gegebenen rhythmisierten Sätzen sucht jeder Schüler einen aus, klatscht ihn vor, die anderen erraten, welcher Rhythmus es war. Eine Steigerung wäre es, Kombinationen aus gegebenen Rhythmen in das Ratespiel mit einzubeziehen (zwei Rhythmen nacheinander oder neu zusammengesetzt). Wenn diese Rhythmen nachher gesprochen werden, ergeben sich lustige Sätze (z.B. Einschwingen 1, Takte 9 und 24 kombiniert: „O, du lieber ... Alkohol).

Die Rhythmen können visuell unterstützt werden durch die entsprechenden Noten mit oder ohne Sprechtext (siehe Stichwort *Basteln für Musiklehrer*).

Beispiele für Übungen mit Musikinstrumenten

- Zunächst spielt und spricht der Lehrer einen „Baustein" vor, die Schüler wiederholen ihn auf **einem** gegebenen Ton. Ein vom PC (oder vom Kassettenabspielgerät) gelieferter rhythmisch-harmonischer Hintergrund schafft eine Atmosphäre der musikalischen Geborgenheit und verhindert das Schnellerwerden. Hintergrund z.B. C-Dur, der erste gegebene Ton kann dann ein g sein. Der Lehrer sagt an „Ton g" (Beispiel aus „Einschwingen 2", Takt 2).

Bleib, wie du bist!

- Übung mit zwei Tönen: Der Lehrer sagt an „g und a". Er spielt jetzt den rhythmisch bekannten Baustein mit zwei verschiedenen Tönen vor, die Schüler versuchen hörend zu imitieren.

- Der gleiche Baustein wird jetzt vom Lehrer in ein anderes Motiv geändert:

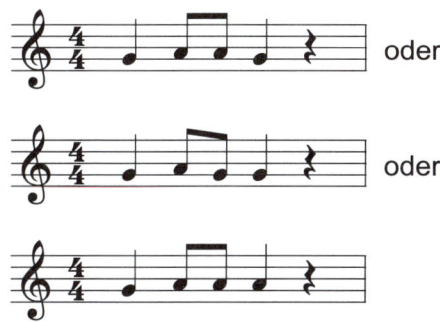 oder

oder

- Es folgen weitere Motive, die von der Lehrkraft auf diese Weise ,melodisiert' werden und nun allmählich nach einem einzigen Vorspiel nachgespielt werden sollen.

- Bei fortgeschrittenen Lerngruppen kann man auch drei Töne einsetzen (g,a, hohes c), sollte aber, wenn zu viele Schüler nicht mithalten können, immer wieder zum Einfacheren zurückkehren.

Stichwort „Einstudierung"

Vorschläge für das Einüben der Melodie:

- Wir sprechen die Hilfstexte, klatschen dazu den Melodierhythmus; nachher nur noch Klatschen.

- Nach Gehör: Lehrer spielt ein Motiv vor, sagt die Töne, die Schüler wiederholen.

- Ebenso beim zweiten Motiv.

- Manchmal geht der zweite Teil der Melodie direkt aus dem ersten hervor, also bewusst machen („Jetzt die gleiche Tonbewegung einen Ton höher" = Sequenz; oder „Jetzt das gleiche abwärts statt aufwärts" = Umkehrung; siehe Stichwort *Form*).

- Wenn die Abschnitte vorläufig eingeübt sind, spielen alle stumm oder fast stumm (mit umgedrehten Schlägeln) die ganze Melodie, während der Lehrer laut vorspielt und die Tonnamen sagt; dann nur stumm mitspielen (ohne Tonnamen), anschließend darf jeder, der es kann, richtig mitspielen, die anderen üben noch eine Runde.

- Zur **Übung** so oft wiederholen (ohne Pause!), bis es einigermaßen sitzt.

- Unterbrechen: Wer spielt mal alleine *(Solo)*?

- Bei schwierigeren Stücken: drei Minuten **üben** mit umgedrehten *Schlägeln*.

Vorschläge für das Einüben der Rhythmusgruppe:
In manchen Schulklassen hat man sehr musikalische Leute (Stichwort *Überflieger*), die man am besten den Bass oder eine einfache Akkordbegleitung spielen lässt, während die Mehrheit der Schüler die

Melodie spielt. Diese *Rhythmusgruppe* besteht im besten Fall aus *Bass*, *Schlagzeug* und *Akkorden*. Man kann auch nur Bass und Melodie spielen oder die Melodie einfach nur von einem Rhythmus auf einem Schlaginstrument begleiten lassen. Die Spielstücke sind ja keine *Arrangements* oder ‚Kompositionen‘, sondern sie sind Material zum Musizieren im Klassenverband.

Die Rhythmusgruppe kann man zuerst einstudieren oder auch, nachdem der Rest der Klasse die Melodie kennen gelernt hat. Wenn beide Elemente einstudiert sind, setzt man sie zusammen:

- Die *Rhythmusgruppe* beginnt, wiederholt ihren Part ständig, nach einigen **Übungs**durchgängen – wenn alles sicher ist – kommt die Melodie dazu

- umgekehrt: zuerst Melodie, dann Rhythmusgruppe dazu (schwieriger)

- alles zugleich.

Und wenn dann alles klappt, kann man ein *Arrangement* (siehe Stichwort) verabreden, oder alle zusammen so lange spielen lassen, bis die Stunde zu Ende ist. Übrigens kann nicht nur der Anfang *(Vorzähler)* vorgezählt werden, sondern auch der *Schluss*, so dass das kleine Spielstück auch ein erfülltes Ende hat.

Vorschläge für das Einüben der zweiten Stimme:

Auch hier geht es wieder um die hochbegabten Kinder (Stichwort *Überflieger*, siehe Seite 113), die privaten Musikunterricht erhalten haben oder einfach nur eine sehr ausgeprägte musikalische Auffassungsgabe besitzen. Mit durchschnittlich begabten Schulklassen wird das Spielen einer zusätzlichen zweiten Stimme nicht in einer Schulstunde möglich sein.

Also: Zwei Schülerinnen haben ihre *Blockflöten* (oder Melodicas etc.) dabei, sie können nach Noten spielen. Man **übt** mit ihnen ein-, zweimal ihre Stimme, lässt sie dann draußen vor der Tür weiter**üben**, während man sich um den Rest der Klasse kümmert.

Oder: Eine Schülergruppe, die sehr schnell begreift, geht mit den *Glockenspielen* und einem Notizzettel mit den Noten nach draußen, der Lehrer weist sie ein, während die übrigen Schüler jeder für sich (mit umgedrehten Schlägeln) **üben**.

Oder: Begabte Schüler bekommen in der vorhergehenden Musikstunde Noten und Demo-Kassette, sie **üben** zu Hause.

Eckart Vogel KinderStundenStücke © Fidula

Stichwort „Ereigniskarten"

einfache Ereigniskarten (siehe auch Stichwort *Arrangement und Improvisation*):

Spiele 3x den gleichen Rhythmus, aber immer mit anderen Tönen!	Spiele zuerst kleine, dann immer größere Sprünge!
Überspringe die Nachbartöne aufwärts und abwärts!	Spiele 5 verschiedene Töne
Spiele 4x einen Ton, dann einen anderen!	Spiele zuerst durcheinander, dann geordnet!
Wiederhole eine 3-Ton-Folge!	Sequenziere eine 3-Tonfolge!

Spiele ein Decrescendo!

Spiele einen
hoch-tief-Kontrast!

Spiele eine 3-Tonfolge,
kehre sie dann um!

Musiziere einen schnell-
langsam-Kontrast!

Spiele zuerst Sprünge,
dann eine Linie!

Spiele ein Crescendo!

Musiziere einen
laut-leise-Kontrast!

Spiele einen Bogen
auf-ab-auf!

Spiele zwei Bögen!

Spiele einen Bogen
ab-auf-ab!

Spiele ein Motiv aus
4 Tönen, dann einen
Gegensatz (Kontrast)
dazu!

Wer eine Steigerung sucht, kann zwei Karten kombinieren.
Natürlich kann man auch kleine Folienschild-chen für den Tageslichtprojektor basteln.

Stichwort „Finanzierung"

1. In den meisten bundesdeutschen Lehrplänen für unser Fach ist eine **Mindestausstattung** vorgeschrieben. Einen Vorschlag hierzu finden Sie unter dem Stichwort *Ausstattung*. Erinnern Sie die Schulleiter und die Konferenzen gegebenenfalls an die Ausstattung des Faches Sport, an die neuen Stühle im Lehrerzimmer, an die luxuriöse Einrichtung der Lehrküche oder des Computerraumes! Moderne Orff-Instrumente können – im Gegensatz zu PCs – nahezu ewig eingesetzt werden.

2. Wenn nun die Kassen leer sind, die Schulkonferenz kein Einsehen hat, der Schulträger lieber das Geld für anderes ausgibt, suchen Sie (oder drohen Sie mit) **Sponsoren**!

3. Vor allem: Zeigen Sie was! Spielen Sie bei der nächsten Schulfeier ein kleines Arrangement vor (zwei Minuten reichen), teilen Sie dem Publikum mit, dass die drei neuen Bassstäbe von der örtlichen Bank finanziert sind. Das stimuliert andere Sponsoren und beschämt die kulturfeindlichen Sparer der öffentlichen Behörden.

4. Wenn Sie mit mehreren Klassen musizieren, veranstalten Sie einen **Bunten Abend**: 50% Gesang (Schulklassen alleine oder mit Publikum), 50% Instrumentalmusik (Schulklassen, einzelne Schüler, evtl. auch Lehrergruppe), und sammeln Sie Geld für ein neues Xylophon. Sagen Sie dem Publikum, was so ein Instrument kostet, und dass Sie auch gerne zwei davon brauchen könnten.

5. Übrigens müssen Sie nicht alles alleine machen. Vielleicht haben Sie eine Kollegin, die ein oder zwei Stücke mit ihrer Klasse beiträgt, vielleicht spielt ein Kollege gerne mal ein Stück auf dem Klavier vor oder begleitet Sie auf dem Instrument, wenn Sie gemeinsam mit dem Publikum singen. Vielleicht finden Sie Kollegen, die Ihnen bei der Organisation helfen (Plakate, ggf. Abendkasse, Dekoration, Programmgestaltung und -verteilung, Fotografen, Presseinformation). Es gibt Schulen, die für solche Zwecke komplette **Organisationsteams** installiert haben.

6. In der größten Not basteln oder reparieren Sie **Schlägel** selber! Das geht sehr gut, besonders, wenn Sie einen technisch interessierten Kollegen dafür begeistern können. Abgespielte Wolle von Schlägeln (z.B. Schlägel Nr. 16) kann man handarbeitsbegabten Menschen (z.B. Müttern) übergeben, dazu ein ‚heiler' Schlägel als Muster.

7. Übrigens kann man auch mit **selbstgebastelten Instrumenten** (z.B. experimentelle Musik oder Arrangements mit Umweltinstrumenten à la Stomp) herrlich musizieren, allerdings eine andere Art von Musik. Danach kann man ja ggf. öffentlich kundtun, dass es Schulen gibt, die professionell gefertigte Orffinstrumente in größerer Zahl besitzen.

Stichwort „Form"

Das Thema **Form** füllt ganze Bände der musikwissenschaftlichen Fachliteratur. Deshalb sollen hier nur einige wenige Aspekte, die sich eng auf die KinderStundenStücke beziehen, genannt werden.

Einsicht in **formale** Strukturen kann helfen, Musik zu verstehen und Musik zu machen. Die Form wird (selbst wenn sich der Geist dagegen wehrt) auch unbewusst wahrgenommen. Die **Form** der **Melodie** kann entstehen z.B. durch folgende ‚Verfahren':

- **Motiv** (Tonbaustein, kurze Tonfolge, Melodiebruchstück) und Motiv**sequenzierung**: Ein Motiv wird vorgestellt und dann auf anderer Tonhöhe gespielt (z.B. Melodie von Nr. 7).

- Motiv und Motiv**umkehrung**: Ein Motiv wird horizontal gespiegelt, die Intervalle werden in die andere Richtung gespielt (z.B. Melodie von Nr. 8).

- Motiv und **Veränderung** des Motivs (z.B. Melodie von Nr. 10).

- Viertaktige Akkord**wiederholungen** fördern die Wiedererkennung (gilt für alle Stücke, sobald sie mehrfach hintereinander musiziert werden): Das ist der Zauber der sog. *Turnarounds* – die **Wiederholung** immer gleicher Akkordfolgen ermöglicht Improvisation, sie schafft Vertrauen und Sicherheit.

- **Melodiebogen** auf und ab (z.B. Melodie von Nr. 10), Melodiebogen ab und auf (z.B. 2. Stimme von Nr. 11), Melodiebogen nur aufwärts (z.B. Melodie von Nr. 3) oder nur abwärts (z.B. Melodie von Nr. 26).

- Melodie umkreist **Grundton** (z.B. Melodie von Nr. 24).

- **Dreiklangsmelodik** (z.B. Melodie von Nr. 25).

- **Diminution** (Verengung) eines Motivs (g-a-c-a halbtaktig, dann auf Viertel in T. 3 von Nr. 40).

Formen sind (nicht nur in der Musik) hilfreich, sie helfen logisch zu denken, sie strukturieren die Musik und das Hören. Formen zu reproduzieren hat etwas Rituelles. Und Rituale sind lebenswichtig und gesund. Formen greifen auf bekannte Muster zurück.

Wer diese eben beschriebenen einfachen Formen für ‚trivial' hält, hat Recht: „Trivium" war in der Antike die Bezeichnung für einige der allerwichtigsten, grundlegendsten Fächer.

Man kann die **Frage nach der Form** aber selbst bei unseren „einfachsten Musikstücken der Welt" auch auf höherer Ebene stellen:

- Wie wird Langeweile vermieden (im Stück und zwischen den Abschnitten)? Wie bekommt ein Stück eine eigene ‚Idee'? Welches Quäntchen Idee macht dieses Stück **interessant**?

- Wie ist es möglich, innerhalb einer viertaktigen **Melodie** eine Art Schluss entstehen zu lassen? Wie wird der **Schluss** markiert oder warum ist da kein Schluss, warum wirkt das Stück ‚hinten offen'?

- Wie kann man **Beziehungen** zwischen den Stimmen organisieren? Gibt es eine *Basslinie* oder sind da nur die *Grundtöne*? Steht die Linie in Beziehung zur Melodie? In welcher?

- Ist die *Akkordstimme* nur Füllsel, **Hintergrund**? Kann sie wegbleiben? Warum, warum nicht?

- Wie **bewegen** sich die Spielerarme: regelmäßig, logisch, unperiodisch?

- Wie ist der Percussion-Rhythmus zusammengesetzt? Mit welchen **minimalen Elementen** wird die Gattung „Rock" (oder Reggae, Samba, Rumba, Swing...) dargestellt?

- Enthält die Akkordbegleitung eine **Periodik**? Akkorde w, x, y, z oder Akkorde w, w, x, w oder Akkorde w-x-w y-z-y. Wieso ist das *Bluesschema* so logisch? Woher bezieht es seine **Spannung**?

Eckart Vogel KinderStundenStücke © Fidula

Stichwort „Gitarre"

Die folgenden Gitarrengriffe kommen vor:

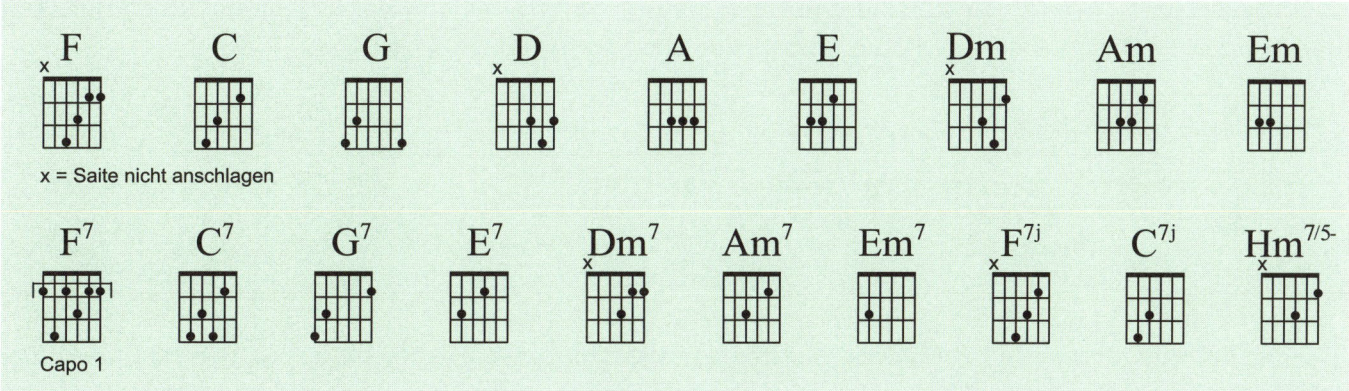

Da man wohl nur selten einen Gitarristen in der Klasse hat, bietet sich folgendes Verfahren an: Wenn ein Spielstück mehr als einen Akkord benötigt, spielen mehrere Schüler arbeitsteilig. Man braucht dazu allerdings mehrere Gitarren, die in etwa gleich klingen. Beim Spielstück 11 spielt der erste Gitarrist im 1. und im 4. Takt den Akkord C-Dur, der zweite Gitarrist spielt in den Takten 2 und 3 den Akkord G^7. Dieses Verfahren schult die rhythmische Erziehung, vor allem das Mitzählen der Taktschläge.

Dieses arbeitsteilige Verfahren ist natürlich nicht mehr geeignet, wenn 7 verschiedene Akkorde benötigt werden. Aus Gitarrenperspektive seien hier geeignete Stücke aufgezählt:
Nur einen **einzigen Akkord** braucht man zur Begleitung der Stücke 4, 16, 19, 20, 21, 27, 32, 34, 39, 40.
Zwei verschiedene Akkorde haben die Stücke 2, 5, 11, 12, 13, 23, 24.
Drei verschiedene Akkorde kommen vor in Nr. 1, 3, 6, 7, 10, 25, 26, 29, 31, 33, 37, 38.
Vier verschiedene Akkorde haben die Stücke Nr. 8, 9, 15, 18, 28, 30.

Musiklehrer, die das Gitarrenspiel nebenbei erlernen wollen, können die Stücke nach der Zahl und Art der Gitarrenakkorde auswählen. Dieser ‚heimliche' Gitarrenkurs für Lehrer ist sehr motivierend und sinnvoll. Außerdem entspricht er dem Ideal, dass in einer guten Lernsituation Schüler **und** Lehrer profitieren.

Noch ein Hinweis zum Akkord **F-Dur**: Befestigen Sie einen **Capodaster** auf dem 1. Bund, lassen Sie dann E-Dur greifen. Das ergibt F-Dur.

Capodaster:

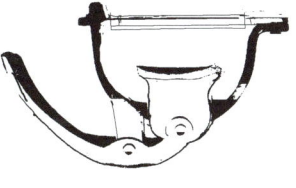

Metall-Capo

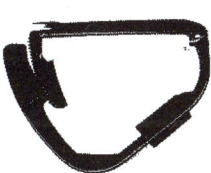

Kunststoff-Capo

Dunlop-Capo

Stichwort „Große Kadenz"

Die klassische „kleine Kadenz" besteht normalerweise aus drei Durakkorden (siehe Stichwort *Kleine Kadenz*), bei der großen Kadenz werden (fast) alle Dreiklänge verwendet, die man über den Tonleitertönen bilden kann. Spielen Sie zu Hause auf den weißen Tasten des Klaviers (das kann jeder!) oder mit ihren Schülern auf den allereinfachsten Stabspielen die folgenden Dreiklänge:

Akkorde über C-Dur-Skala:

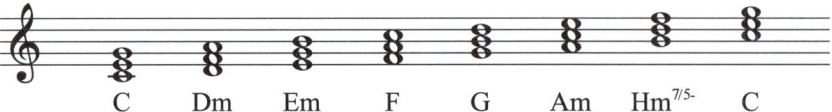

In dieser Abfolge werden die *Dreiklänge* allerdings meist nicht gespielt. Klassiker sprechen hier von einer **Rückung**, die zwar als Stilmittel erlaubt ist (z.B. in Nr. 22 oder 28), meist aber vermieden wird. Stattdessen kehrt man Dreiklänge um (Stichwort *Akkorde*) und bekommt dann eine Akkordfolge, die ebenfalls alle obigen Akkorde enthält, aber eleganter klingt:

Beispiel Große Kadenz C-Dur:

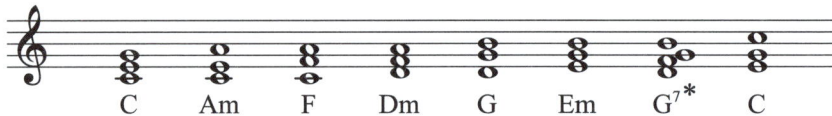

Der besonders gekennzeichnete Akkord G^7 ist ein Versuch der klassischen Harmonielehre, den seltsamen Klang h-d-f (einen verminderten Dreiklang) zu ‚retten': Man gibt den Ton G dazu und hat einen wohlklingenden Septakkord. Jazzmusiker verwenden den verminderten Dreiklang gerne (wir tun das auch in Nr. 14).

Eine Verständnisbrücke: Denken Sie sich einfach, jemand will Musik machen, aber dazu nur die weißen Klaviertasten verwenden. Er probiert die Dreiklänge aus (Grundton + übernächster Ton + übernächster Ton, siehe Stichwort *Akkorde*) und findet, dass einige davon weicher klingen (Moll), andere härter (Dur). Und er entdeckt einen Dreiklang, der weder Moll noch Dur ist, der ganz anders ist: h-d-f. Und das, obwohl doch alle weißen *Klaviertasten* so logisch gleich aussehen...

Eckart Vogel KinderStundenStücke © Fidula

Stichwort „Intervalle"

Intervalle sind **Tonschritte**. Wer mit Kindern musiziert, verwendet zunächst am besten die drei einfachsten Intervalle.

- Die **Prim**: Man spielt den gleichen Ton noch einmal (z.B. Spielstück Nr. 1, 1. Takt).

- Die **Sekund(e)**: Man spielt den Ton daneben (z.B. Sekunde aufwärts in Spielstück Nr. 1, Takt 1 auf Takt 2, mehrere Sekunden abwärts in Spielstück Nr. 1, Takt 3). (Information für Lehrer: Diese Sekunden sind manchmal Halb- , manchmal Ganztonschritte, siehe Stichwort *Tonleitern*.)

- Die **Terz**: Man spielt den übernächsten Ton (z.B. Spielstück Nr. 25, 1. Takt).
Die Terz wird auch verwendet, um *Akkorde* (siehe Stichwort) zu bilden.
(Information für Lehrer: Diese Terzen sind manchmal große Terzen, manchmal kleine Terzen, siehe Stichwort *Dreiklänge*.)

Man braucht Intervalle auch, wenn man über Musik spricht. Um zu erklären, dass man einmal das tiefe c (z.B. c'), einmal das hohe c (z.B. c'') braucht (Spielstück Nr. 5, erster und letzter Ton), kann man den Intervallnamen **Oktave** verwenden.
Wer Noten vom Blatt singt, kann das leichter mit Hilfe der Intervallbezeichnungen tun. Die **Quarte** aufwärts (z.B. c-f) findet man beispielsweise in sehr vielen Volksliedern: „Auf, auf zum fröhlichen Jagen", „Nun will der Lenz..." oder „Zum Tanze, da geht...". Als Bassfigur *(Wechselbass)* ist die Quarte ebenfalls sehr beliebt (z.B. Bass von Spielstück Nr. 21).
Die **Quinte** (z.B. c-g) spielt eine Rolle in der Harmonielehre (Stichwort *Quintenzirkel*) oder bei der Bestimmung des *Tonumfangs* (siehe Stichwort), sie kommt natürlich auch in Melodien oder Basslinien vor.
Die **Sexte** gibt vielen Melodien ihren Charakter (z.B. Lied „Winde wehn"), kommt in diesem Buch aber selten vor.
Die **Septime** ist wichtig für das Verständnis bestimmter *Akkorde*: g-h-d-f (aufwärts) ergibt den Akkord G^7, der in Blues, Rockmusik und Jazz eine große Rolle spielt.
Weitere Informationen zu dem Thema finden Sie in einer allgemeinen Musiklehre (siehe Stichwort *Bibliographie*).

Was für Laien nicht an den Noten ablesbar ist: Es gibt manche Intervalle in zwei Varianten. Der Tonschritt c-e ist eine **große Terz**, der Tonschritt c-es eine **kleine Terz**. Beim normalen Melodiespiel fällt das aber nicht weiter auf, denn es gibt im Stück meist nur eine kleine **oder** nur eine große Terz (vom Grundton aus gerechnet), die durch die Tonleiter vorgegeben ist (einzige Ausnahme: *Blues*, dort gibt es große und kleine Terzen zugleich).

Bei der Bildung von *Akkorden* (siehe Stichwort) ist die Unterscheidung von großer und kleiner Terz von fundamentaler Bedeutung:

- große Terz + kleine Terz = Dur (c-e-g)

- kleine Terz + große Terz = Moll (c-es-g).

Äußerst wichtig ist auch, ob ein Vierklang eine **kleine Septime** oder eine **große Septime** enthält. Der Klangcharakter ändert sich vollständig:
C^7 hat die Töne c-e-g-b (b ist die kleine Septime über c)
C^{7j} *(C major Seven)* hat die Töne c-e-g-h (h ist die große Septime über dem Ton c)
Vergleichen Sie mal die Klänge!

Stichwort „Kirchentonarten"

Wenn man nur die *weißen Klaviertasten* benutzt, kann man sieben verschiedene *Tonleitern* spielen, die alle verschieden sind. Dass eine *Durtonleiter* von 3. zum 4. Ton und vom 7. zum 8. Ton *Halbtonschritte* hat (siehe Stichwort *Tonleitern*), ansonsten aber *Ganztonschritte*, gehört noch zum allgemeinen Bildungsgut. Eine Durtonleiter kann man auf den weißen Tasten spielen, wenn man von einem C zum nächsten spielt.

Auch die (**äolische**) *Molltonleiter* mit den *Halbtonschritten* vom 2. zum 3. Ton und vom 5. zum 6. Ton ist relativ bekannt, auf den weißen Tasten spielen wir dazu von einem A zum nächsten.

Ebenfalls aus der Musizierpraxis (nicht aus der Musiktheorie!) kommen die **Kirchentonarten** (**Kirchentonleitern**). Man spielt auf dem Klavier von einem beliebigen Tonleiterton alle aufeinander folgenden weißen Tasten, bis man acht Töne gespielt hat. Es ergeben sich die folgenden **Kirchentonarten (Modi)**:

- von c' bis c'' Ionisch (= Dur-Tonleiter)

- von d' bis d'' **Dorisch**

- von e' bis e'' **Phrygisch**

- von f' bis f'' **Lydisch**

- von g' bis g'' **Mixolydisch**

- von a' bis a'' Äolisch (= Moll-Tonleiter)

- von h' bis h'' **Lokrisch**.

Jede dieser Tonleitern hat ihren eigenen Reiz, ihren eigenen Klangcharakter. In der Musizierpraxis werden oft die Tonleitern außer Dur und Moll einfach als **modal** charakterisiert, d.h. sie haben ihre Halbtonschritte an anderen Stellen als Dur und Moll.

In diesem Sinne modal sind z.B. die Spielstücke Nr. 24, 35 und 36 (die lokrische Tonleiter ist übrigens fast ungebräuchlich, sie klingt befremdlich). Kirchentonarten werden übrigens in der Rock- und Popmusik gerne verwendet, was mit der Folge der verwendeten *Gitarrenakkorde* zu tun hat, nicht mit besonderer Kirchennähe (siehe dazu Stichwort *Akkordfolgen*).

Eckart Vogel KinderStundenStücke © Fidula

Stichwort „Kleine Kadenz"

Die meisten Lieder der westlichen Welt können mit zwei bis drei verschiedenen *Gitarrenakkorden* begleitet werden. Diese Musik wird auch Dur-Moll-tonal genannt. Man wirft einen Blick auf den **Quintenzirkel** (siehe Stichwort) und findet sofort heraus, welche drei *Akkorde* zusammenpassen:

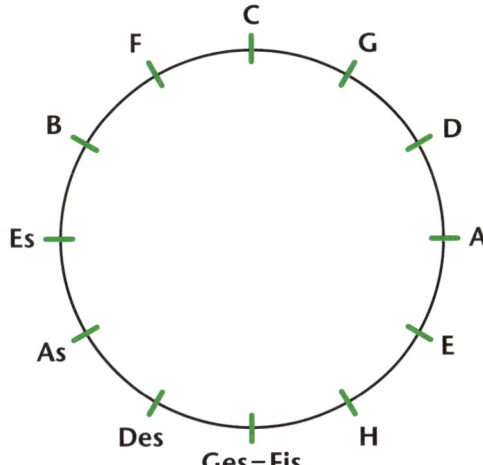

In einem Lied, das in D-Dur steht, werden meist als weitere *Akkorde* G-Dur und A-Dur verwendet. Um die Beziehungen zwischen den Akkorden zu bezeichnen, sagt man auch: Wenn die **Tonika** D-Dur ist, ist die **Subdominante** G-Dur und die **Dominante** A-Dur. Wenn B-Dur die Tonika ist, heißt die Subdominante Es-Dur -und die Dominante F-Dur.
Diese Beziehungen zwischen den Akkorden lassen sich an der Richtung des Uhrzeigersinns ablesen: In Uhrzeigerrichtung neben dem Grundakkord (= Tonika) findet man die Dominante, in der anderen Richtung die Subdominante.
Die „**kleine Kadenz**", so nennt man die zusammenhängende Folge dieser drei Begleitakkorde, ist eine besonders logische, wohlklingende und damit häufig verwendete Akkordfolge. Die kleine Kadenz in C-Dur sieht notiert so aus:

Diese Dreiklangsfolge (siehe auch Stichwort *Akkorde*) lässt sich in bestimmten Klassen schon im Grundschulalter singen, und zwar auf verschiedene Weise:

- horizontal: zuerst die untersten Töne, dann die mittleren, dann die oberen
  (c-c-h-c, e-f-d-e, g-a-g-g)
- vertikal: Jeder Akkord wird einzeln gesungen unterster Ton, mittlerer Ton, oberer Ton
  (c-e-g, c-f-a, h-d-g, c-e-g).

Außerdem kann man die horizontal gesungenen Stimmen im Kanon singen: Nach vier Tönen setzt die neue Stimme ein.
Spielstücke mit kleiner Kadenz sind Nr. 1, 3, 10, 25.

Stichwort „Körperinstrumente"

Körperinstrumente trägt jeder immer bei sich. Sie sind nicht nur Hilfsmittel, um zu ‚richtigen' Instrumenten zu führen, sondern haben auch einen eigenen Klangcharakter. Das Klatschen in der Rockmusik, das Schnipsen im Jazz, verschiedene Klatsch- und Patschgeräusche oder das Steppen/Stampfen in Volkstänzen sind nur Beispiele dafür.

1. Im vorliegenden Buch benutzen wir einige Körperinstrumente als Klangfarbe: **Stampfen** (Aufstampfen mit dem Fuß), **Patschen** (Schlag auf den Oberschenkel), **Klatschen** (Händeklatschen) und **Schnipsen** (meist Daumen und Mittelfinger der Schreibhand).

2. Auf weitere Körperinstrumente wurde hier verzichtet, es gibt darüber sehr gute Spezialliteratur. Ein interessanter Effekt ergibt sich, wenn man auf die Zählzeiten 1 und 3 patscht, auf die Zählzeiten 2 und 4 klatscht. Weil das Klatschen lauter ist als das Patschen, entsteht ein *Back Beat*, also eine Betonung auf 2 und 4.

3. Wir benutzen die Körperinstrumente auch für **Einschwing-Übungen**. Im Sitzen (*Stuhlkreis*, Seite 104) oder im Stehen werden Rhythmen vor- und nachgeklatscht, wobei auch andere Körperinstrumente erlaubt sind: Klopfen auf den oberen Brustkorb, auf die hinteren Hosentaschen etc. Da sind der Phantasie keine Grenzen gesetzt. Besonders, wenn alle denken, sie beherrschen jetzt die Klatschrhythmen, kann die Einbeziehung anderer Körperklangfarben die Aufmerksamkeit sofort wieder maximieren.

4. Die Einschwingübungen (siehe Seite 54 ff.) kann man natürlich auch mal zwischendurch machen, gerade wenn man die Kinder aufmuntern will. Spielen mit Körperinstrumenten ist meist eine sehr fröhliche Angelegenheit, was unbedingt für sie spricht. Also immer mal wieder fünf Minuten Körperpercussion. Häufige kurze Übungsphasen sind effektiver als wenige lange.

Stichwort „Notenlehre"

Ähnlich wie sich die musikpädagogischen Geister scheiden an der Frage, ob man immer beidhändig auf Orffinstrumenten spielen muss (siehe Stichwort *Beidhändigkeit*), verhält es sich mit der ‚Gretchenfrage' der Notenlehre: „Müssen die Kinder Noten können?"

Wer schreiben will, muss ja auch die Buchstaben können, heißt es. Die **Notenschrift** ist nun mal seit mehreren Jahrhunderten die standardisierte Notationsweise für Musik. In den Noten ist alles enthalten, was man zum Musizieren braucht: Tonhöhe, Tempo, Taktangabe usw.

Warum sollen unsere Kinder das nicht lernen?

- Die weitaus meiste Musik, die auf dieser Welt produziert wurde und wird, fand und findet ohne Noten statt. Deshalb können auch wir zunächst einmal ohne Noten musizieren.
- Für Kinder ist es wohl möglich, *Tonnamen* so weit zu lernen, dass man bestimmte Melodien ohne Rhythmus abspielen kann. Das Abspielen von Rhythmen neuer Melodien ist dagegen kaum im normalen Musikunterricht erreichbar.
- Notenbilder können helfen, die dazugehörigen Schallereignisse wiederzuerkennen, das gilt besonders für Rhythmen. Das heißt aber nicht, dass man wochenlang das System der rhythmischen Notation lehren muss.
- Es kostet sehr viel Zeit, Kindern, die außerhalb der Schule keinen Instrumentalunterricht haben, Noten dauerhaft beizubringen.
- Umgang mit hörbarer Musik ist wichtiger als Umgang mit aufgeschriebener Musik.
- Und in Analogie zur Sprache: Man kann auch sprechen ohne schreiben zu können.

Trotzdem seien hier einige Vorschläge zum Umgang mit unserer Notenschrift gemacht:

- Als Verfahrensweise der Hörerziehung ist das Mitlesen in Noten, also das Hören mit Noten, eine sehr gute Methode.
- Immer, wenn Spielprobleme beim Musizieren entstehen, kann der Notentext eine Hilfe sein (vergleichbar: Grammatik wird beim Sprechen eigentlich erst benötigt, wenn es Kommunikationsprobleme gibt).
- Das System unserer Notenschrift müssen alle Kinder einmal kennen gelernt haben. Es ist für viele eine Art Wunder, dass man unbekannte Lieder allein vom bedruckten Papier her abspielen oder -singen kann.
- Wer mag, kann natürlich die wenigen Tonnamen, die wir in den Spielstücken brauchen, lernen lassen. Er muss dabei aber berücksichtigen, dass dieses Wissen nur bei ständigem Training erhalten bleibt.
- Man kann die allerbeliebtesten Musikstücke und Lieder den Kindern dauerhaft madig machen, wenn man sie nur ‚benutzt', um Notenlehre zu betreiben.

Hier seien einige Aufgabenstellungen angedeutet, die die Notenlehre sinnvoll mit dem Klassenmusizieren verbinden: Man kann die Tonnamen unter die Noten der Melodiestimme schreiben, Melodien abschreiben, bestimmte Notenwerte einkreisen, rhythmische Motive in Melodien einkreisen, den Tonvorrat aus den Noten ablesen, Hörerwartungen aus der Partitur entnehmen (z.B. in Form eines Fragespiels: Wie oft kommt der gleiche Ton hintereinander? Geht die Melodie nach oben oder nach unten?) usw. Über spielerischen und analytischen Zugang zur Notenlehre steht einiges in unseren Schulbüchern, es gibt auch spezielle Veröffentlichungen, die den Umgang mit Noten zum Hauptgegenstand haben (siehe Stichwort *Bibliographie*)

Stichwort „Pentatonik"

Entfernt man aus den einfachen Stabspielen, die ja den *weißen Klaviertasten* entsprechen, alle Töne f und h, bleibt eine Tonleiter übrig, die nur noch fünf verschiedene Töne hat: eine **pentatonische** Tonleiter. Sie enthält nur *Ganztonschritte* (siehe Stichwort *Tonleitern*) und *kleine Terzen* (siehe Stichwort *Intervalle*), jedoch keine *Halbtonschritte*. Das macht die Tonleiter besonders spannungsarm, und gerade darin liegt ihr Reiz: Denn selbst wenn man mal alle fünf Töne zugleich erklingen lässt, bleibt eine Art Wohlklang zurück. Denn Halbtondissonanzen, z.B. das gleichzeitige Erklingen von e' und f', können nicht auftreten:

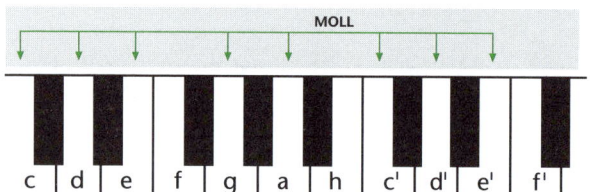

Pentatonisch sind die Spielstücke Nr. 16, 32 und 34. Und da Improvisationen mit pentatonischen Leitern immer gelingen, sind sie ideal geeignet für Improvisations-Einsteiger (siehe *Improvisationsmodelle* von Nr. 20 und Nr. 40).

Pentatonik wird häufig mit China und Japan in Verbindung gebracht, jedoch entstand sie vermutlich zugleich an mehreren Stellen dieser Erde.

Übrigens kann man alleine am Klavier auch leicht **pentatonisch** musizieren, wenn man nur die *schwarzen Tasten* verwendet.

Wenn wir das Prinzip der *Kirchentonarten* (siehe Stichwort) auf unsere pentatonische Skala übertragen, gibt es fünf verschiedene **pentatonische Reihen**, je nachdem, welchen Ton wir als *Grundton* auswählen (z.B. indem wir ihn vom *Bass* spielen lassen).

Stichwort „Percussion"

Das Schlagzeug und seine Verwendung wird unter dem Stichwort *Drumset* abgehandelt. Hier soll es um die diversen anderen Schlaginstrumente gehen, die unter dem Begriff **Percussion** oder **Schlagwerk** zusammengefasst werden. Es gibt sehr viele unterschiedliche, auch in Schulen findet sich so manches davon. Wir verwenden in dieser Sammlung nur zwei Percussion-Instrumente.

Triangel: Das schwierigste am Triangelspiel ist eigentlich der Artikel – alle sagen „die", erlaubt sind aber nur „der" oder „das" Triangel. Zum Spielen nimmt man das Instrument mit der Schlaufe in die eine Hand, in der anderen Hand hält man den Metallschlägel. Wenn man die Schlaufe um den Daumen schlingt, kann man bei Bedarf die übrigen Finger zur Dämpfung des Nachklanges verwenden. Ein interessanter Effekt ist auch ein ‚Wirbel' oder ‚Triller', den man in einem Winkel des Instrumentes erzeugen kann.

Bongotrommeln werden immer als Paar gespielt. Profis spielen sie im Sitzen und schieben sie in die Kniekehlen: großes Fell rechts, kleines links. Da die Bongos kleine Felle haben, spielt man sie nicht mit der ganzen Hand, sondern nur mit einem oder zwei Fingern. Es kommt darauf an, nicht nur von oben aufs Fell zu schlagen, sondern auch tangential. Man soll das Fell möglichst kurz berühren. Übrigens müssen Bongos straff gespannt sein, damit sie nicht klingen wie ein Pappkarton.

Für unsere Zwecke müssen wir keinen Fingersatz vorschreiben.

Die enge Begrenzung auf nur zwei Instrumente (außerhalb des Drumsets) ist sinnvoll, weil es uns vor allem um die Melodie geht, die die Mehrheit unserer Schüler spielen lernen soll. Wenn man sich jetzt zu lang an verschiedenen Percussion-Instrumenten aufhält, geht zuviel Zeit verloren. Wer Guiro, Congas, Maracas, Claves etc. einsetzen will, sei auf die erste Publikation des Autors, die *StundenStücke*, verwiesen. Dort werden nicht nur geeignete Stücke vorgestellt, sondern auch Spieltechniken erklärt.

Stichwort „Quintenzirkel"

Geht man vom Ton C eine *Quinte* (siehe Stichwort *Intervalle*) nach oben, erreicht man den Ton G. Geht man vom Ton C eine *Quinte* nach unten, erreicht man den Ton F. Setzt man dieses Spiel fort, ergibt sich ein geschlossener Kreis (lat. circulus): der **Quintenzirkel** (siehe auch Stichwort *Kleine Kadenz*, Seite 93).

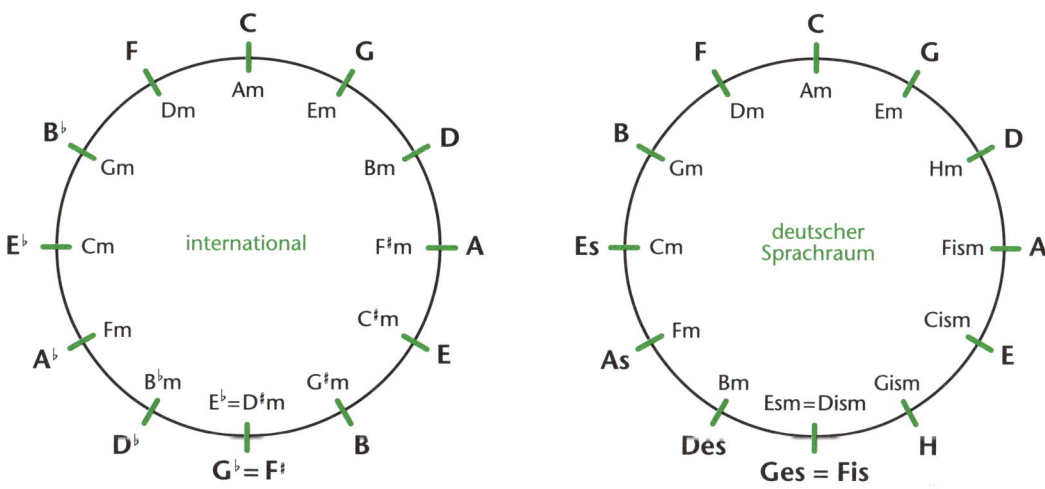

Dieser Quintenzirkel ist ein unentbehrliches Hilfsmittel nicht nur für Gitarristen. Man kann mit seiner Hilfe ablesen, welche drei Akkorde man zur Liedbegleitung braucht (siehe Stichwort *Kleine Kadenz*), in welcher Tonart ein Lied steht (siehe Stichwort *Tonarten*), man kann ein Lied, Instrument oder Spielstück in eine andere Tonart übertragen (**transponieren**), man kann auch ablesen, welcher *Moll-Akkord* zu welchem *Dur-Akkord* passt: Zu C-Dur gehört a-Moll, zu Des-Dur gehört b-Moll usw.

Innerhalb des deutschen Sprachraums wird der rechts abgebildete Quintenzirkel benutzt, in englischsprachigen Ländern nur der links abgebildete. Wenn Sie also **internationale** Noten verwenden (z.B. **Songbooks**), müssen Sie wissen dass

- unser Ton H dort B heißt,
- unser Ton B dort B♭ heißt,
- der Songbook-Akkord Bm unser h-Moll ist,
- der Songbook-Akkord B♭m unser b-Moll ist.

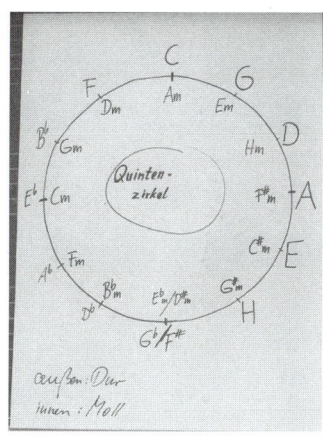

Die anderen **internationalen Schreibweisen** sind leichter verdaulich: G♯ für Gis oder G♭ für Ges. Im vorliegenden Buch verwenden wir ausschließlich die Bezeichnungen, die im deutschen Sprachraum üblich sind.

Stichwort „Rhythmusgruppe"

Dass das **Schlagzeug** und **Percussions-Instrumente** zur **Rhythmusgruppe** gehören, leuchtet ein. In der vorliegenden Sammlung von Stücken gehören, wie dies in Popmusik und Jazz schon immer üblich ist, dazu aber auch ein **Bassinstrument**, ein **Akkordinstrument** (z.B. Gitarre, Klavier, Akkordeon), teilweise auch die **Keyboardstimme** (wenn sie nicht Melodie, sondern Begleitakkorde zu spielen hat). Das ist wichtig z.B. bei der Verteilung von Aufgaben: Die **Rhythmusgruppe** hat zu begleiten, die **Melodiegruppe** hat dagegen die Hauptrolle. Deshalb ist bei der Regelung der *Lautstärke* immer zu beachten, dass *Schlagzeug*, *Bass* (vor allem, wenn es ein *E-Bass* ist) und begleitende *Keyboards* niemals zu laut sind.

- Der **Bass** muss gut hörbar sein, darf aber nicht die Melodie übertönen.

- Das **Schlagzeug** (bzw. die Percussion) darf nicht so laut sein, dass es die Melodie oder den Bass übertönt.

- Das **Keyboard** muss leiser sein als die Melodie, bei *Solo*-Passagen oder *Solo-Improvisationen* wird es einfach lauter gedreht.

- Akustische **Gitarren** sind keine Gefahr für die Lautstärke, wer ausnahmsweise eine E-Gitarre einsetzt, muss die *Lautstärke* sorgfältig regeln.

Die Rhythmusgruppe soll unbedingt bei jedem Spielstück einmal alleine trainiert werden, das ist ein wichtiger **Übung**seffekt (siehe Seite 64). Alle beteiligten Musiker müssen aufeinander hören und Blickkontakt halten. Wenn der Bass beispielsweise halbe Noten zu spielen hat, spielt er bei vielen Stücken gleichzeitig mit der *Bass Drum* des Schlagzeugs (siehe z.B. Nr. 21, 32).

Die Mitglieder der Rhythmusgruppe müssen gemeinsam laut (z.B. beim Tutti-Teil) oder leise spielen (z.B. beim Solo), sie müssen auf sich selber hören und auf die jeweiligen Solisten. Da man Soli zuerst ‚trocken' einstudiert, danach zur Rhythmusgruppe spielen lässt, empfiehlt es sich, den Begriff **Rhythmusgruppe** für alle Schüler einzuführen. Das ist eine große Hilfe z.B. beim Aufbau eines Arrangements (siehe Stichwort *Arrangements*; z.B. Standard-Arrangement 3, Seite 64).

Beim *Üben* hilft die ganze Klasse: Patschen = Zählzeit 1, Klatschen = Zählzeit 2 (siehe *Körperpercussions*-stimme von Nr. 19 oder 23). Wenn der *Triangelspieler* die 1 zu spielen hat, ist er bei uns immer zusammen mit dem Bass.

Ein letzter Hinweis: Wenn Bass und Gitarre den gleichen Rhythmus spielen (z.B. *halbe Noten*), ist das für viele Schüler eine Hilfe. Interessanter klingt es natürlich, wenn die Gitarre einen eigenen Rhythmus hat, z.B. vier Viertel pro Takt.

Eckart Vogel KinderStundenStücke © Fidula

Stichwort „Schlägelauswahl"

In den meisten Schulen werden zwei verschiedene Schlägelarten verwendet: für die Glockenspiele kleine **Holzschlägel,** für die *Xylophone* und *Metallophone* graue **Filzschlägel.** Diese Beschränkung hat meistens Kostengründe.

Professionelle Marimbaphonspieler benutzen dagegen bis zu zehn verschiedene (und verschiedenfarbige) Schlägel, und das mit gutem Grund, denn jeder Schlägel hat einen anderen Klang. Die Farben der Schlägel stehen für verschiedene Härten und Klangqualitäten.

Vorschlag: Wir verwenden bei allen rhythmisch betonten Musikstücken etwas **härtere Schlägel** (blau, z.B. Sonor Sch 16), Metallophone werden weiterhin mit den einfachen **Filzschlägeln** (grau, z.B. Sonor Sch 5), die Glockenspiele mit einfachen **Holzschlägeln** gespielt.

Manche *Xylophone* bringt man allerdings nicht einmal mit den blauen Schlägeln zum Klingen, probieren Sie dann orangefarbene Schlägel (z.B. Sonor Sch 105) oder rote (z.B. Sonor Sch 104)! Es ist unglaublich, wie empfindlich Schlaginstrumente auf verschiedene Schlägel reagieren.

Es ist manchmal empfehlenswert, im Stück die Schlägel zu wechseln: Wenn im *Tutti-Teil* (siehe Stichwort *Arrangements*) **blaue Schlägel** benutzt werden, kann der Solist im *Solo-Abschnitt* **orangefarbene Schlägel** verwenden. Das klingt perkussiver, härter, prägnanter und ist besser herauszuhören.

Auch der oft sehr harte Anschlag der Glockenspiele lässt sich abmildern durch Einsatz von **Kunststoff-Schlägeln.**

Übrigens hören Schüler, anders als viele ihrer Lehrer, harte Anschläge durchaus gerne. Steeldrums, Timbales, Sambatrommeln, die in zahlreichen Popmusikstücken Verwendung finden, werden sehr hart angeschlagen.

Auch bei den *Bassstäben* lohnt sich eine sorgfältige Schlägelauswahl: Kleine Bassstäbe kann man mit blauen oder braunen Schlägeln (z.B. Sonor Sch 15) anschlagen, große Bassstäbe müssen oft mit **dicken Paukenschlägeln** zum Klingen gebracht werden.

Beispiel für eine gute Schlägelausstattung:	
16 blaue Schlägel für Xylophon	Sch 16
16 graue Schlägel für Metallophon	Sch 5
16 Holzschlägel für Glockenspiele	ohne Nummer
4 orangefarbene Schlägel für Stabspiel-Soli	Sch 105
4 rote Schlägel für Stabspiel-Soli	Sch 104
2 braune Schlägel für Bassstäbe	Sch 15
Verschiedene Paukenschlägel für Bassstäbe und ggf. für Pauken	

Für beidhändiges Spiel (siehe Seite 73) braucht man natürlich entsprechend mehr Schlägel.

Außerdem beschaffe man, wenn es sich machen lässt, von **verschieden(farbig)en anderen Schlägeln** je ein Paar zum Experimentieren.

Übrigens trägt die sorgfältige Schlägelauswahl dazu bei, die Instrumente ernst zu nehmen. Es ist eben nicht irgendein ‚Pling-Plong', das man mit Orff-Instrumenten erzeugen kann. Differenzierte Schlägelauswahl kann Stabspielmusik sehr spannend und interessant machen.

Stichwort „Schlägelkiste"

Natürlich kann man alle Schlägel zur Aufbewahrung in einen Pappkarton oder eine Schublade werfen. Das hat aber den Nachteil, dass die Vollständigkeit kaum zu überprüfen ist, außerdem die Schlägel schlecht behandelt werden.

Dazu ein Vorschlag: eine Sperrholzkiste basteln, deren Decke Löcher enthält (Bohrmaschine). So ist die Vollständigkeit der Schlägel bei Stundenschluss auf einen Blick kontrollierbar.

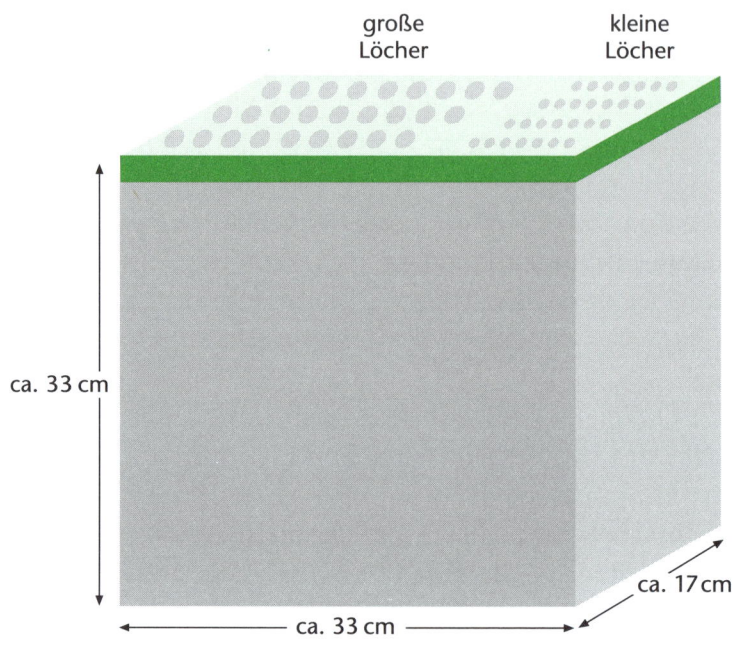

große Löcher   kleine Löcher

ca. 33 cm

ca. 33 cm

ca. 17 cm

Stichwort „Selber texten"

Natürlich macht es sehr viel Spaß, sich selber Texte zu den Spielstücken auszudenken. Außerdem schafft ein eigener Text – auch wenn er strengen Kriterien der Poetik nicht unbedingt standhalten würde – eine enge Verbindung zum betreffenden Musikstück. Hier einige Anregungen, wie man eigene Texte gestalten kann:

1. Vom Reim ausgehen:

Man könnte z.B. die Melodie von Stück Nr. 1 mehrmals vorspielen, einen Anfang anbieten und die Schüler eine Fortsetzung finden lassen. Gelegenheitsreime wie die folgenden können dann entstehen:
Schöne Rosen (hab ich zu verlosen). Meine Hosen (sind schon abgestoßen).
In der Schule (gibt es viele ‚Coole'). Früh am Morgen (hab ich keine Sorgen).
Halbe Noten (sind doch nicht verboten). Schöne Lieder (gibt es immer wieder).
Meine Tante (hat was auf der Kante)...

2. Von der Textsorte ausgehen:

Tipps fürs Leben: Bleib wie du bist.
Sprechchöre: Noch ein Tor!
Banalitäten: Ich geh zur Schule.
Alltagsbefehle: Sei jetzt endlich still!
Bekenntnisse: Wir lieben das Leben.
Sprichwörter: Übung macht den Meister.
Gedichtzitate: Krachen und Heulen und berstende Nacht
Liedtextzitate: Ich mag die Blumen, – die am Wege stehn.
Nonsensverse: Georg Friedrich Händel liebte den Lavendel.

3. Vom Kinderwortschatz ausgehen (zufällige Beispiele aus Kinderliedern)

Verben: kommen, klingen, brummen, geben, tragen, rufen, nehmen, fahren, gratulieren, sind (= sein), blasen, gehen, lachen, blühen, schwimmen, sich freuen, schneien, liegen, anfangen, legen, verstecken, singen, bringen, holen, sagen, (er)raten, regnen, tragen, bellen, (an)sehen, machen, können, müssen, hören, nähen, malen, bauen, machen, klopfen, lügen, backen, sehen, schauen, stehen, lesen, sprechen, schreiben, fressen, verlieren, hinfallen,...

Adjektive: schön, lieb, gut, klein, (riesen)groß, böse, grau, schwarz, weiß, bunt, hoch, tief, lustig, traurig, glatt, hell, dunkel, gelb, rot (...), kalt, warm, schnell, langsam, schwer, leicht, jung, alt, lang, kurz, laut, leise, fein, reich, arm, träumen,...

Adverbien: hier, dort, jetzt, gern, nah, fern, dahinter, rechts, links, gestern, morgen, nachts, überall, da, (da)neben, lange, bald, einmal, spät, früh, später, sofort, endlich, drinnen, draußen, irgendwo, kaum, fast, ziemlich, fort, weg, herein, heraus,...

Nomen: Haus, Schuhe, Wald, Hexe, Ofen, Brot, Kind, Fee, Jahr, Schloss, Prinz, König, Kuchen, Bäcker, Butter, Mutter, Vater, Sohn, Tochter, Tante, Onkel, Oma, Opa, Schule, Pferd, Vogel, Kuh, Hase, Frosch, Traum, Berg, Tal, Land, Meer, Kopf, Haare, Ohren, Füße, Himmel, Hölle, Luft, Wind, Wasser, Feuer, Glück, Liebe, Tod,
(und alle Verkleinerungen davon: Häus*chen*,...)

4. Vom Inhalt ausgehen:

Jahreszeiten, Tageszeiten, Kirchenjahr, Verspieltes & Scherzhaftes, Märchenhaftes, Abenteuerliches, fröhliche und ernste Geschichten, Gefühle, Altersbezogenes,
Schule, Elternhaus, Straßenverkehr, Freizeit, Spielplatz, Fernsehen, Musik machen, Musik hören, Mutter, Vater, Schwester, Bruder, Oma, Bäume, Sträucher, Blumen, Wald, Feld,...

Weitere Anregungen zum Thema in den Übungsreihen zum *Einschwingen* (siehe Seite 54 ff.).

Stichwort „Solospiel"

Eine häufige Situation beim Klassenmusizieren: Man beherrscht das Stück, und die Musikstunde ist noch lange nicht zu Ende. Die endlose Wiederholung gefällt zwar den meisten Schülern (sie wollen ja sogar oft diese Stücke ‚aufführen'), bringt aber meist nicht viel. Also: Entweder räumt man die Instrumente auf und singt noch einige Lieder, oder man organisiert ein **Mini-Arrangement**. Wer will, darf **die Melodie einmal alleine** spielen, die Folge der Soli wird festgelegt und los geht's:

Mini-Arrangement	
Formteil	**Erklärung**
Tutti	**Alle spielen** die Melodie.
Solo 1	Ein Schüler spielt die Melodie.
Tutti	**Alle spielen** die Melodie.
Solo 2	Ein anderer Schüler spielt die Melodie.
Tutti	**Alle spielen** die Melodie.
usw.	usw.

Bei den Soloteilen begleitet die Rhythmusgruppe den Solisten leise.

Wenn einzelne Schüler nicht alleine spielen mögen, dürfen auch zwei oder drei Schüler die Melodie als Solo spielen (ähnlich dem „Concertino" in der Barockmusik).

Eine andere Möglichkeit ist die der Solo-*Improvisation*: Mit einem gegebenen Tonvorrat (z.B. allen Tönen, die in der Melodie vorkommen) darf ein Schüler etwas „ausprobieren", „etwas erfinden" (der Ausdruck „improvisieren" schreckt viele ab!). Weitere Anregungen dazu: siehe Stichwort *Arrangement und Improvisation* und die Improvisationsmodelle bei den Spielstücken Nr. 19, 20, 39 und 40.)

Weitere Arrangier-Möglichkeiten: siehe Stichwort *Arrangements* (Seite 64).

Pädagogisches Fingerspitzengefühl ist hier nötig: Die Frage „Wer traut sich alleine vorzuspielen?" baut Hemmungen auf. „Wer kann die Melodie schon alleine spielen?" ist dagegen aufmunternd. Übrigens muss man manche Kinder etwas anschieben, vor allem, wenn man sieht, dass sie die Melodie sicher spielen können. Man kann auch wie selbstverständlich alle Schüler der Reihe nach die Melodie einmal spielen lassen.

Solospiel ist ungeheuer lehrreich für alle (auch für die Nicht-Solisten), es ist ein wunderbares kleines Abenteuer, für manche sogar eine Mutprobe. Ganz abgesehen vom intensiven musikalischen Effekt. Beim Solospiel und beim Improvisieren gilt noch mehr als beim normalen Musizieren im Klassenverband: Man erlebt etwas, was man für Geld nicht kaufen kann!

Eine besondere Form der rhythmischen Begleitung eines Solos ist der sogenannte **Stop Break**: Alle spielen auf die 1 jedes Taktes einmal den Grundton des Akkordes. Dieser Stop Break kann das i-Tüpfelchen in einem Arrangement sein, denn er betont, dass einer **Solo** spielt, dabei aber immer vom **Ensemble** getragen wird. Da der Stop Break aus dem Jazz kommt, wirkt er besonders beim *Blues-Schema*.

Eckart Vogel KinderStundenStücke © Fidula

Stichwort „Stressvermeidung"

Viele Musikerzieher meiden den Umgang mit Orff-Instrumenten, weil „das so laut ist": Bereits beim Aufbau herrscht größtes Durcheinander, die Schüler überhäufen einen mit Fragen und Vorschlägen, sie probieren laut ihre Instrumente aus, im allgemeinen Chaos erkennt man gerade noch Fehlversuche von „Alle meine Entchen" usw... Für die Schüler ist so ein Stundenbeginn oft ein Spaß, der Musiklehrer setzt sich aber dabei einer **extremen Lärmbelästigung** aus. Schaffen Sie also **Rituale**, die die beschriebene Szenerie vermeiden, und das Musizieren im Klassenverband wird in einer entspannten Arbeitsatmosphäre stattfinden.

Vorschläge für den Aufbau der Instrumente:

- Nur der Lehrer bestimmt, wer welches Instrument spielt (Vermeidung von Verteilungskämpfen).

- Die Instrumente werden leise aufgebaut, niemand spielt vorher (schont die Nerven aller).

- Die Schlägel werden sichtbar auf das Instrument gelegt (ermöglicht Kontrolle der richtigen Schlägel und verhindert das Drauflosspielen).

Wer ganz gerecht sein will, kann sich notieren, wann welche Schülergruppe (z.B. Stuhlreihe, Sitzgruppe) zuerst Instrumente ausgewählt hat.

Wer meint, die Schüler müssten sich vorher austoben, sollte wenigstens ein Ruhezeichen vereinbaren (optisch oder akustisch). Es ist aber nach der Erfahrung des Autors nicht sicher, dass die Kinder anschließend konzentrierter oder besser musizieren.

Verteilungskämpfe werden übrigens auch vermieden, wenn der Lehrer das Instrument für jeden Schüler (und mehrere Musikstunden) ganz einfach festlegt. Wer mehrmals das gleiche Instrument spielt, kann eine Beziehung zum Instrument aufbauen.

Zur Reihenfolge der **Einstudierung** muss jeder seinen Weg selber finden. Konkrete Vorschläge finden Sie unter dem Stichwort *Einstudierung*, außerdem bei den Kommentaren zu den Spielstücken, besonders zu Nr. 1, 2, 3, 11, 14, 18, 21.

Vorschläge zur stressreduzierten Einstudierungspraxis:

- Bei der Einstudierung können die Kinder öfter mal **stumm** („zwei Zentimeter über den Klangstäben") zum Klavierspiel des Lehrers **mitspielen**. Das übt die Handbewegung und schult das Gehör. Man kann auch den letzten Ton laut spielen lassen.

- Manchmal bietet es sich an, alle mit *Körperinstrumenten* mitmachen zu lassen. „Ihr seid der Motor, und der muss ganz gleichmäßig laufen!" Klatschen und Stampfen können sehr laut sein, **Schnipsen** und **Patschen** sind da angenehmer.

- Eine klangliche Abwechslung ist es auch, zur Übung ab und zu mit den **umgedrehten Schlägeln** zu spielen. Dieses ‚Ameisenorchester' schont die Nerven aller und schult die rhythmische Präzision. Der Lehrer kann gut sehen und hören, wer im Takt ist und wer nicht.

- Man kann auch noch in der Orientierungsstufe vor dem Musizieren einer **Melodie** den **Rhythmus** derselben **klatschen** und dazu den **Übungstext sprechen**. Solche kurzen Spielphasen erhöhen die Motivation und senken die spätere Fehlerquote.

- Man muss nicht immer 45 Minuten lang musizieren. Die Hälfte der Zeit tut's auch. Also spielen ab und zu mal alle Schüler nur die Melodie, begleitet vom Lehrer am Klavier. In der restlichen Zeit kann man tanzen, singen, ein Arbeitsblatt einsetzen usw. Es gibt ja viele andere Aktivitäten im Musikunterricht, für die man nicht eine ganze Stunde braucht.

Stichwort „Stuhlkreis"

Wenn es um rhythmische Erziehung geht, um Vorbereitung des Trommelspiels und gemeinsames Einschwingen einer Lerngruppe, ist das **Üben** im **Stuhlkreis** eine sehr gute Arbeitsform: Jeder sieht jeden, jeder hört jeden. Was einer vormacht, können alle nachmachen. Durch die visuelle Kontrollmöglichkeit wird die rhythmische Exaktheit gefördert. Zahlreiche praktische **Übungen** sind möglich. Man kann auch gut Rhythmen im Kreis ‚weitergeben' (siehe auch Stichwort *Einschwingen*).

Körperinstrumente: Man kann im Sitzen mit dem Fuß auf*stampfen* (z.B. wenn man die Fußbewegung am *Drumset* **üben** will), man kann in die Hände *klatschen*, *schnipsen* und vor allem *patschen*. Beim *Patschen* auf den Oberschenkel (es kommt auf die Bewegung an, nicht auf die Lautstärke) **übt** man die Bewegung, die auch beim Spiel auf einer *Handtrommel* benötigt wird. Man kann die 1 jedes *Taktes* betonen. Man kann sogar mit zwei Gruppen verschiedene *Takte* darstellen, abwechselnd und gleichzeitig. Wenn man viele verschiedene **Übungsformen** einsetzt, merken die Kinder gar nicht, worum es vor allem geht: dass alle lernen im *Puls (Beat)* der Musik gemeinsam zu spielen. Es ist sogar möglich, wenn alle einen ¾-Takt patschen können, dazu zu reden (und dabei natürlich weiterzupatschen...).

Stimmen: Natürlich lässt sich die *Körperpercussion* auch durch vokale Aktionen ergänzen, beispielsweise:

- dazu laut zählen und allmählich die Stimme ausblenden

- vom Lehrer vorgespielte Rhythmen nachsprechen (auf Silben wie „dabb" oder „dubb")

- rhythmische Sätze des Lehrers nachsprechen

- oder auch diese nachsprechen und dazu patschen.

Schlaginstrumente: Wem ausreichend viele Fellinstrumente zur Verfügung stehen (es genügt auch, wenn jeder zweite Schüler eines hat), der kann diese natürlich auch im Stuhlkreis einsetzen. Nach jeder kurzen **Übungsreihe** werden die Instrumente (vor allem, wenn es verschiedene sind) einen Platz weiter gegeben. Wer gerade kein Instrument hat, macht mit *Körperinstrumenten* mit.
Wen der etwas deftige Klang nicht stört, der kann auch für jeden Schüler ein Paar Klangstäbe (Claves) bereitstellen (aus alten Besenstielen gesägt) und damit **üben**.

Es kann sinnvoll sein, in einer Musikstunde einmal nur ¾-Takte zu **üben** oder nur ⁴⁄₄-Takte. Wer sich daran versuchen will, das Stück im ⁵⁄₄-Takt zu spielen (Nr. 18), sollte unbedingt eine Runde mit Übungen im ⁵⁄₄-Takt vorschalten.
Im Kapitel **Einschwingen** (Seite 54 ff.) finden Sie **Übungsreihen** im *Dreiviertel- und Vierviertetakt*, ein- oder auch zweitaktig, *latin* oder *swing*. Das reicht schon mal für sechs Stuhlkreisrunden...
Die gebräuchlichste **Übung**sform ist hierbei, dass der Lehrer vorspielt (oder vorspricht), die Schüler nachspielen (oder nachsprechen). Natürlich soll keine Pause dazwischen sein, es geht endlos durch. Das verstärkt den **Übung**seffekt. Alle Übungen sollten möglichst beidhändig durchgeführt werden (siehe Stichwort *Beidhändigkeit*).

Eckart Vogel KinderStundenStücke © Fidula

Stichwort „Swing"

Jedes Kind kennt bereits Lieder, die im **Swing-Rhythmus** gesungen werden: „Ich mag die Blumen" (engl. Titel „I like the flowers"), „Das schöne gelbe Boot" (Beatles: „Yellow Submarine") oder Rolf Zuckowskis Geburtstagslied „Wie schön, dass du geboren bist" („Heute kann es regnen...") sind bereits im Grundschulalter bekannt und werden von Schülern und Lehrern gerne gesungen. Die Stabspiel-etüden, die im **Swing** stehen, wurden vor allem deshalb in einer eigenen Abteilung dieses Buches notiert, damit es nicht zu Verwechslungen von Latin und Swing kommt, deren Notenschriftbild ja identisch ist (siehe Stichwort *Swing-Achtel*). Wer die Stücke als eine Art Lehrgang begreift, kann also zunächst aus den Stücken 1-20 spielen, danach – bewusst getrennt – aus den Stücken 21-40.
Die Swing-Stücke, also ab Nr. 21, beginnen wieder mit sehr einfachen Melodien, die allmählich schwieriger werden, aber immer grundschulgeeignet bleiben.

Alte Notenausgaben von Blues- und Swingstücken waren früher folgendermaßen notiert (leider sieht man dies auch manchmal heute noch):

Dabei wird im Swing aber nicht so scharf punktiert, wie es die Noten nahelegen. Die Musik klingt eher so:

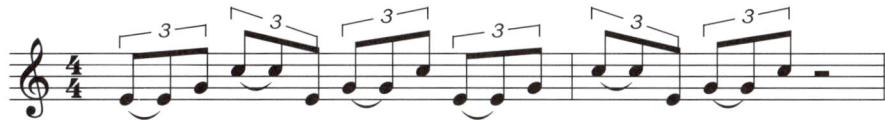

Das ist zwar gut zu verstehen, aber schlecht zu lesen und zu schreiben. In den USA, dem Entstehungs-land von Blues und Jazz, hat man schon immer für die Notation des Swing eine unkomplizierte Methode benutzt, der wir uns anschließen wollen:

Man notiert also normale *Achtelnoten*, schreibt aber über die erste Notenzeile, dass diese im **Swing** gespielt werden. Mittlerweile setzt sich diese Notation auch in Europa durch. Manchmal findet man – was dasselbe bedeutet – auch anstelle des Wortes **Swing** die folgende Abkürzung:

Die KinderStundenStücke, über denen das Wort „Swing" steht (ab Nr. 21), sollen also im **Swing-Rhythmus** gespielt werden.
Übrigens gibt es auch in Europa traditionelle Swing-ähnliche Rhythmen: Die Tarantella aus Italien oder irische Tänze (z.B. „Riverdance").
Im Swing zu singen oder zu spielen ist also nicht schwieriger als in geraden *Achteln* zu spielen! Wer Schwierigkeiten mit der Umsetzung des Swing-Notenbildes zu einem bestimmten KinderStundenStück hat, höre sich zu Hause das entsprechende Stück auf der CD an. Man kann auch mit den Kindern zusammen zur CD spielen.

Anstelle des Wortes **Swingfeeling** wird manchmal auch noch **Triolenfeeling** verwendet. Auch die Bezeichnung **Shuffle** wird häufig synonym benutzt.

Im Jazz heißen gerade (= klassische) Achtel übrigens **Latin**, oder „straight eighths". Dies steht dann über der ersten Notenzeile des Stücks, z.B. bei lateinamerikanisch beeiflussten Bossa-Nummern.

Anmerkung: „Swing" ist bekanntermaßen auch die Bezeichnung für eine Jazzepoche. Man spricht dann von der „Swing-Ära". Diese Richtung des Jazz wurde nach oben erläutertem Swing-Rhythmus benannt, der viele Stücke aus dieser Zeit kennzeichnet.

Stichwort „Swing-Achtel"

Dass die **Swing-Achtel** keine gewöhnlichen Achtelnoten sind, wird unter dem Stichwort *Swing* erklärt. Für Spezialisten sei hier ein wichtiger Exkurs eingefügt:
So praktisch die amerikanische *Swing-Notation* auch ist, hat sie doch einen kleinen Nachteil: Optisch sehen alle **Abstände** zwischen den Swing-Achteln gleich aus, sie sind aber nicht gleich, weil die Achtel ja eigentlich **triolisch** aufgefasst werden. Deshalb muss der Lehrer (nicht die Schüler) wissen, dass sich an bestimmten Stellen kurze, an den anderen lange Abstände befinden. Beim folgenden Notenbeispiel sind (aus didaktischen Gründen) die Einsatzabstände der Töne optisch sichtbar ausgedruckt:

Bei den ersten Swingstücken wird der Swing-Rhythmus nur bei Tonwiederholungen (siehe Buchstabe A) verwendet, was natürlich gewisse Einschränkungen in der Melodiebildung mit sich bringt. Später wird der Swing-Rhythmus auch bei Tonschritten (siehe Buchstabe B) verwendet.

Auch die an die Melodie angepasste Schlagzeugstimme beschränkt sich zunächst nur auf den einfacheren Swing-Rhythmus, später kommt der schwierigere hinzu, der mehr nach Jazz klingt:

schwierigerer Swing-Rhythmus, klingt jazziger:

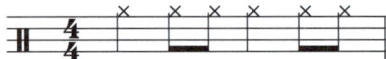

Manchmal ist übrigens die „Buchstaben-Methode" eine Hilfe bei der Einstudierung von Swing-Melodien. Man schreibt eng aufeinander folgende Töne enger an die Tafel. Dann würde die oben abgedruckte Melodie (es ist der Anfang von Nr. 37) etwas so aussehen: c cc   cd ef ff

Wer mit seinen Kindern nach erweiterten harmonischen, rhythmischen und melodischen Möglichkeiten strebt, verwende die *SwingStundenStücke* des Autors. Dort wird es dann richtig jazzig.

Stichwort „Tabulatur"

Pop- und Jazzgitarristen spielen meist nicht nach normalen Noten, sondern benutzen dafür eine **Griffschrift (Tabulatur)**. Diese Notationsmethode ist sehr alt, sie wurde besonders in der Lautenliteratur (z.B. bei Musik der Renaissance) verwendet. Es gab aber auch Griffschriften für andere Instrumente (z.B. für Orgeln). In der Jazz-, Pop- und Rockmusik findet man sie sehr häufig. Da sich die *Gitarrenakkorde* sehr oft wiederholen, verwendet man Symbole aus Buchstaben und Zahlen. So bedeutet z.B....

- der Großbuchstabe **C**, dass C-Dur zu spielen ist (Töne c-e-g)

- die Abkürzung **Cm**, dass c-Moll zu spielen ist (Töne c-es-g; in Deutschland verwendete man früher auch die Abkürzung c)

- die Abkürzung **C⁷**, dass C-Dur mit kleiner Septime zu spielen ist (Töne c-e-g-b)

- die Abkürzung **Cm⁷**, dass c-Moll mit kleiner Septime zu spielen ist (Töne c-es-g-b)

- die Abkürzung **C⁷ʲ** (C major seven), dass C-Dur mit großer Septime zu spielen ist (Töne c-e-g-h).

Diese durch ihre Namen teilweise kompliziert wirkenden *Akkorde* (siehe Stichwort) sind aus der Musizierpraxis entstanden, nicht am Schreibtisch von Theoretikern. Auf der *Gitarre* sind deshalb kompliziert wirkende Akkorde oft sehr einfach zu greifen. Der Akkord Em^7 beispielsweise benötigt nur einen einzigen Greiffinger, C^{7j} nur zwei Greiffinger:

Em^7 C^{7j}

Wenn *Melodien* oder mehrere Akkorde hintereinander zu spielen sind, kann man anstelle der einzelnen Griffsymbole auch eine **Tabulatur**zeile verwenden. Die sechs (!) Linien entsprechen den sechs Saiten der Gitarre:

C   C (gebrochen)

Die Ziffern bezeichnen den zu greifenden **Bund**, der Pfeil die Anschlagrichtung. Der *gebrochene Akkord* C-Dur benötigt eigentlich nur zwei Greiffinger (A-Saite Bund 3, h-Saite Bund 1), die meisten Gitarristen greifen jedoch den Akkord vollständig, d.h. mit d-Saite Bund 2 (die aber nicht mitgezupft werden muss) – als ob sie alle Saiten anschlagen würden. Die Gitarrengriffe finden Sie auf Seite 89.

Stichwort „Tempo"

Während man für eine Komposition, die von professionellen Musikern gespielt wird, bei der Wahl des **Tempos** ganz von der erwünschten Wirkung ausgehen kann, da spieltechnische Probleme nicht existieren, sind bei Musikstücken für Laien, mit denen wir es in der Schule zu tun haben, enge Grenzen gesetzt. Das Musikstück darf nicht zu schnell sein, weil es sonst nicht alle schaffen, es darf aber auch nicht zu langsam sein, da sonst das Tempo nicht gehalten wird. Man wird als Musikerzieher immer wieder die Erfahrung machen, dass zunächst das Tempo gehalten wird, dann aber – sobald alle Schüler die zu spielenden Tonfolgen einigermaßen beherrschen – immer schneller gespielt wird.

Ein Tempo zu finden, das auch wirklich durchgehalten wird und durchgehalten werden kann, ist eine große Kunst. Die **Tempoangaben** zu den Stabspieletüden sind also nur Vorschläge, keine Vorgaben.

Schwierige Stellen mal **langsam** zu üben, ist natürlich eine sehr gute *Übung*. Auch und gerade in solchen langsamen Übungsdurchgängen sollte man sehr genau darauf achten, dass weder ‚gelaufen' noch ‚geschleppt' wird. Es gilt die Regel: Was man langsam nicht kann, kann man auch **schnell** nicht.

Langsame *Übung*sdurchgänge sind natürlich etwas Konstruiertes, sie verlangen eine gewisse Abstraktion und führen zunächst weg vom intuitiven Spiel. Aber sie schulen enorm das Hören und die *rhythmische Präzision*. Für manche Kinder ist diese Abstraktion sehr schwierig, denn Schülergruppen haben – als Gruppe – oft eine Art kollektives absolutes Tempoempfinden, sie merken sich ziemlich genau das Lehrer zuerst gewählte Tempo (das gilt übrigens auch für die Tonhöhe, weshalb es nicht unproblematisch ist, ein erlerntes Lied einfach einen Ton höher oder tiefer zu singen). Dieses Phänomen hat eine Entsprechung in den Gesängen des Fußballstadions, wo Tausende von ‚Sängern' im immer gleichen Tempo und auf der gleichen Tonhöhe singen (darüber gibt es wissenschaftliche Untersuchungen), ohne dass jemand den Ton angestimmt hätte.

Wenn man die Zahl der **Pulsschläge pro Minute** (englisch „beats per minute" = **bpm**) zählt, hat man das **Tempo**. Es gibt auch ungefähre Tempoangaben wie „gehend", „schnell", „sehr schnell" (meist benutzt man die italienischen Ausdrücke Andante, Presto usw., siehe Musiklexika unter dem Stichwort *Bibliographie*).

Die beste Tempokontrolle hat man mit dem **Metronom**. Es ist bekannt, dass viele Komponisten eine genaue Vorstellung davon hatten, in welchem Tempo ihr Stück erklingen sollte. Deshalb gibt es seit der Erfindung des Metronoms sehr genaue Angaben darüber. Neben dem **mechanischen Metronom**, das mit einem verstellbaren Pendel arbeitet, gibt es auch **elektronische Metronome**, die nicht nur verschieden laut ticken können, sondern auch (geräuschlos) blinken. Letzteres ist bei Tonaufnahmen oder bei Live-Auftritten von großem Vorteil, denn wenn man aufgeregt ist, spielt man meist schneller, weil das Zeitgefühl beeinflusst ist.

Stichwort „Tonarten"

An den **Vorzeichen** eines Liedes lässt sich die Tonart ablesen:

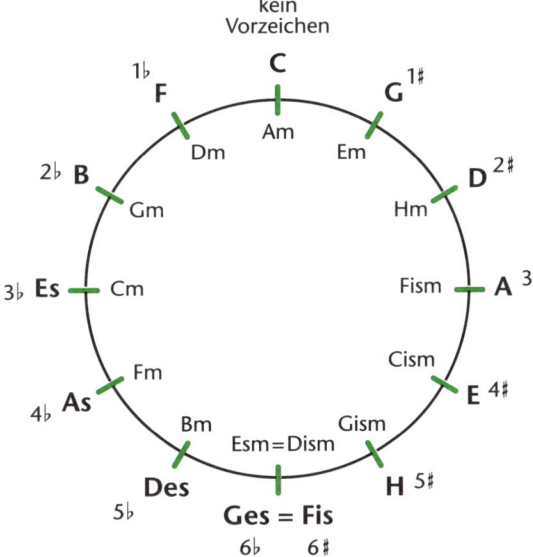

Wenn ein Lied z.B. keine **Vorzeichen** hat, steht es in *C-Dur* oder in *a-Moll*.
Wenn es vier Kreuze (♯) vorgezeichnet hat, steht es in *E-Dur* oder *cis-Moll*.

Tonart C-Dur   **Tonart E-Dur**   **Tonart F-Dur**

Wenn ein Lied in der Tonart C-Dur steht, heißt das, es enthält hauptsächlich die Töne der C-Dur-Tonleiter (siehe Stichwort *Tonleitern*).

Warum benutzt man überhaupt verschiedene Tonarten? Warum nicht nur C-Dur und a-Moll? „Dann wäre alles einfacher, man bräuchte auch nur selten *schwarze Tasten.*"

Auf so eine Vermutung kann man antworten mit dem Hinweis auf die musikalische Vielfalt, auf die **Singbarkeit** von Liedern (wir können eben nicht unendlich hoch oder tief singen), auf die **Spielbarkeit** von Melodien: Jedes Instrument hat nur einen begrenzten Tonumfang. Noch weiter wird die Wahl der Tonart eingeengt durch das Zusammenwirken mehrerer – ebenfalls im Tonumfang begrenzter – Musikinstrumente. Hinzu kommen Zwänge, die durch die traditionell gewachsene Bauweise der Instrumente bedingt sind: Für die *Gitarre* sind E-Dur und A-Dur sehr schön zu spielen; viele Geiger bevorzugen auf ihrem Instrument D-Dur; *Saxophone* sind – je nach Gattung – gestimmt in B-Dur bzw. Es-Dur. Es gibt Klarinetten, die in A-Dur stehen und *Blockflöten*, die beim Ton F beginnen. Unsere einfachen *Orff-Instrumente* sind wunderbar geeignet für C-Dur, F-Dur, G-Dur und die dazugehörigen Molltonarten.

Also: Wir können es nicht ändern, dass es allein 12 verschiedene Dur-Tonarten gibt, wir müssen lernen damit umzugehen. Im Falle der KinderStundenStücke gibt es da wenig Probleme, die Stücke sind ganz genau auf die einfachsten (= diatonischen) *Orff-Instrumente* zugeschnitten, stehen also meist auf der Basis von C-Dur oder a-Moll. Trotzdem lässt sich damit eine erstaunliche harmonische Vielfalt (von der *Rhythmik* mal ganz zu schweigen) darstellen: siehe Übersicht unter dem Stichwort *Akkordfolgen* (Seite 62).

Stichwort „Tondauer, Takt, Rhythmus"

Die Fachbegriffe Puls (**Beat**), Tempo, Tondauer, Takt und Rhythmus gehören eng zusammen, bezeichnen jedoch Verschiedenes:

Die meisten Musikstücke der Welt haben einen durchgehenden **Puls** (auch Metrum genannt).

Wenn man die Zahl der **Pulsschläge pro Minute** zählt, hat man das **Tempo**. Es gibt auch ungefähre Tempoangaben wie „gehend", „schnell", „sehr schnell" (meist benutzt man die italienischen Ausdrücke Andante, Presto usw., siehe Musiklexikon (siehe Stichwort *Bibliographie*).

Nun sind aber nicht alle Pulsschläge gleich wichtig. In den meisten Musikrichtungen betont man die Zählzeit 1. Das ist auch wichtig beim Verfassen eigener Texte.

Im **Vierviertel-Takt** zählt man in jedem Takt bis 4:

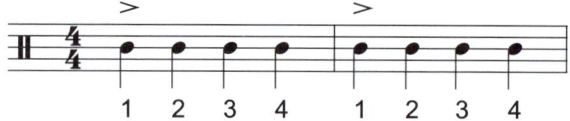

Im **Dreiviertel-Takt** zählt man in jedem Takt bis 3:

Im (seltenen) **Fünfviertel-Takt** zählt man bis 5, betont aber meist außer der 1 auch die 4:

Der Takt ist also eine Art Zähleinheit, die beim Musizieren sehr hilfreich ist.

Die **Tondauer** wird in Form der **Notenwerte** dargestellt: **ganze Noten, punktierte halbe Noten, halbe Noten, Viertelnoten, Achtelnoten.** Zu jeder Tondauer gibt es auch eine entsprechende Pause. Das wird in allen Grundschulmusikbüchern erklärt, deshalb soll hier darauf verzichtet werden.

Theoretisch lässt sich aus den Notenwerten ein **Rhythmus** ‚rechnerisch' erstellen. Eine *halbe Note* und zwei *Viertelnoten* ergeben lang-kurz-kurz.

Aber das ist für Kinder nicht so einfach, wie es aussieht: Man sollte wissen, dass man gleichmäßig dazu zählen muss, dass bei einer Wiederholung des Rhythmus hinter der letzten Viertelnote keine Pause sein darf, dass man nicht nur „lang" und „kurz" empfindet, sondern auch meist „schwer" und „leicht" usw. Als erfahrener aktiver Musiker ‚rechnet' man so nur in Ausnahmefällen. Meist sieht man eine rhythmische Figur, erkennt sie wieder und musiziert sie dann. Für die meisten Kinder (außer vielleicht den *Überflieger*-Typ) ist das ausgeschlossen, vor allem bei **Achtelrhythmik** oder gar bei **Synkopierungen**:

Synkope

  Eckart Vogel KinderStundenStücke © Fidula

Deshalb arbeiten wir mit der Methode des Vor- und Nachsprechens, mit Vor- und Nachspielen sowie mit Hilfstexten.

Betonungen auf normalerweise unbetonten Achtelzählzeiten (siehe Pfeil) heißen auch **off-beat** oder einfach nur **Offs**. Dies ist nicht zu verwechseln mit dem sogenannten **Back Beat**, das sind im ¾-Takt **Betonungen** auf **2 und 4** (siehe z.B. Spielstück Nr. 2, verwirrenderweise wird aber gelegentlich der Back Beat auch als off-beat bezeichnet).

Stichwort „Tonleitern"

Wenn Schüler (ohne Lehrerkontrolle) auf *Orff-Instrumenten* irgendetwas ausprobieren, findet sich immer jemand, der „Alle meine Entchen" spielt. Das ist nicht immer zur Freude des Musiklehrers, dennoch kaum zu verhindern: Denn wer die ersten Töne eines Stabspiels (oder eines einfachen Keyboards) der Reihe nach erklingen lässt, landet automatisch beim Anfang des besagten Kinderliedes.

Die einfachen diatonischen Stabspiele sind so gebaut, dass beim Spielen ab c eine **C-Dur-Tonleiter** erklingt. Wenn man jetzt einen Ton höher anfängt, wird es schon kompliziert: Wer von d' bis d'' spielt, erhält eine seltsame Tonleiter (siehe Stichwort *Kirchentonarten*), die im Vergleich zu C-Dur zwei „falsche" Töne enthält (das hört man!): Das F und das C passen nicht zur D-Dur-Tonleiter. Man muss stattdessen die beiden benachbarten schwarzen Tasten **Fis** und **Cis** benutzen (zum Thema Vorzeichen, siehe Stichwort *Tonarten*).

Wenn man sich eine Messlatte (Schablone; siehe auch Stichwort *Basteln für Lehrer*) zeichnet, die man oben an den Klaviertasten anlegt, wird der Aufbau einer Dur-Tonleiter klar: Sie hat überwiegend **Ganztonschritte**, an zwei genau festgelegten Stellen jedoch **Halbtonschritte**, und zwar vom 3. zum 4. Ton, und vom 7. zum 8. Ton:

Wie man sieht, befindet bei Ganztonschritten sich immer eine – in diesem Fall schwarze – Taste zwischen zwei benachbarten Tonleitertönen.

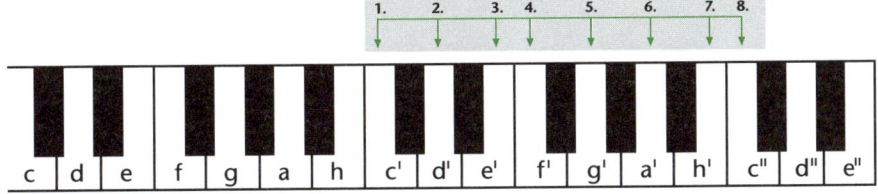

Legt man jetzt die gleiche Dur-Messlatte beim Ton D an, erhält man die **D-Dur-Tonleiter**:

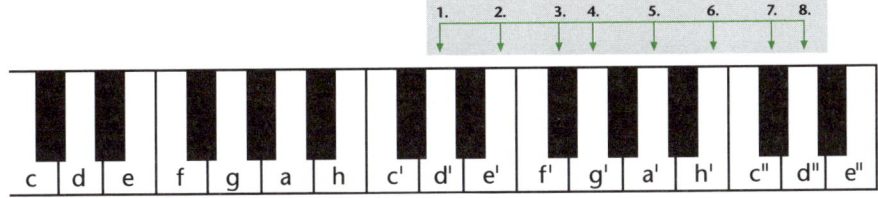

Eine normale **Moll-Tonleiter** („natürliches Moll") hat die Halbtonschritte an zwei anderen Stellen, und zwar vom 2. zum 3. Ton und vom 5. zum 6. Ton der Skala:

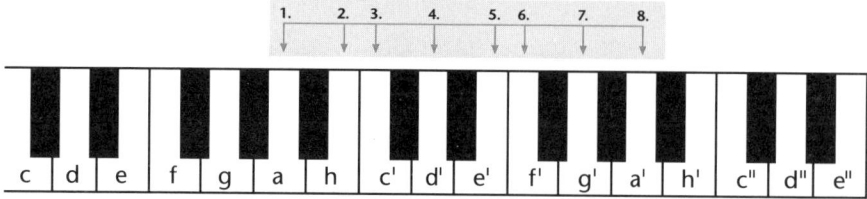

Legt man jetzt die gleiche Moll-Messlatte beim Ton E an, erhält man die **e-Moll-Tonleiter**:

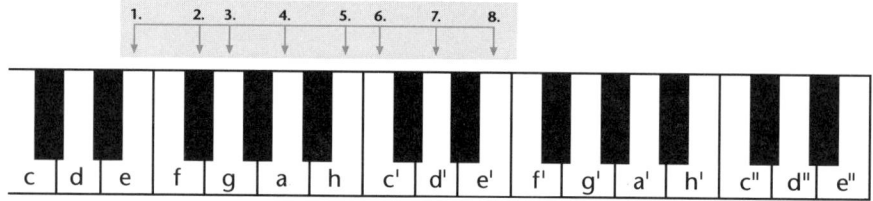

Mit Hilfe dieser ‚Messlatten' lassen sich **alle Dur- und Moll-Tonleitern** ablesen.
Der **Grundton** ist der erste Ton einer Tonleiter.

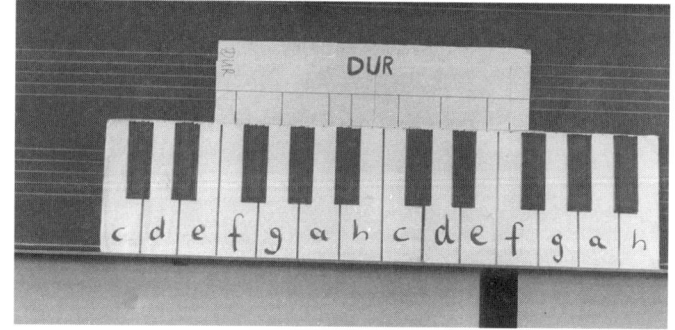 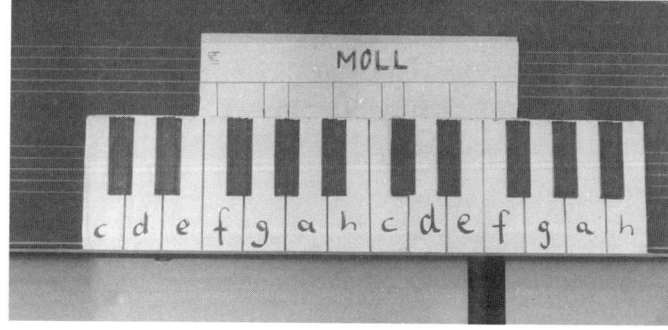

Eckart Vogel KinderStundenStücke © Fidula

Stichwort „Tonumfang" (Ambitus)

Ambitus ist auch wieder so ein Wort, das geeignet ist, musikinteressierte Menschen einzuschüchtern und abzuschrecken. Dabei geht es um etwas ganz Einfaches: Wenn ich mit Vor- und Grundschulkindern singe, muss ich wissen, dass der tiefste Ton nicht tiefer als c' (eingestrichenes c, siehe Stichwort *eingestrichene Oktave*) sein sollte und der höchste vielleicht c'' oder d'' (oder auch höher, sofern mit den Kindern bewusst stimmbildnerisch gearbeitet wird). Genau darum geht es beim Ambitus: um den **Tonumfang**.

Einfache *Stabspiele* haben einen Ambitus von mindestens anderthalb *Oktaven*, meist c' bis f''. Das ist nicht sehr viel. Trotzdem sind alle hier abgedruckten Spielstücke so konzipiert, dass sie diesen Ambitus nie überschreiten.

Im Zusammenhang mit dem Tonumfang steht auch der Begriff **Tonvorrat**: Aus dem vorhandenen Ambitus werden Töne ausgewählt.

Eine *pentatonische Tonleiter* (siehe Stichwort) erhält man z.B., indem man aus der C-Dur-Tonleiter die Töne f und h streicht. Übrig bleiben c-d-e-g-a. Ein solches Stück mit dem **Tonvorrat** c'-d'-e'-g'-a'-c''-d''-e'' ist das Spielstück Nr. 20.

Der **Tonvorrat** ist sehr wichtig bei der *Improvisation*. Kinder und andere Improvisations-Anfänger sind meist überfordert mit dem gleichzeitigen Ausdenken eines *Rhythmus* und einer Folge von Tönen. Deshalb empfiehlt es sich, einen Rhythmus vorzugeben und, vor allem, die erlaubten Töne eng zu begrenzen. Meist genügt ein **Tonvorrat** von 3-4 Tönen. Auch in der US-amerikanischen Jazzliteratur findet sich bei einem *Solo* oft ein empfohlener Tonvorrat (siehe Seite 52).

Stichwort „Überflieger"

Was man gelegentlich als **Überflieger** bezeichnet, sind hochbegabte Menschen, denen alles das leicht fällt, womit andere zu kämpfen haben. Das gilt auch für **musikalische Begabung**. Die Schüler selbst wissen oft gar nichts von ihren besonderen Fähigkeiten und der Musiklehrer muss damit umgehen. Denn die Spielstücke sind für eine Schülermehrheit konzipiert, die kein Instrument spielt und auch nicht besonders begabt ist. Wenn begabte Schüler dann auch noch privaten Instrumentalunterricht haben, sind sie eindeutig unterfordert und können zum Problem werden. Die ‚Überflieger' müssen besondere Aufgaben bekommen, beispielsweise:

- auf einem Orff-Instrument einen Durchgang *solistisch* die *Melodie* spielen
- auf den Schulinstrumenten *improvisieren* (siehe Stichwort)
- auf dem zu Hause erlernten Instrument (z.B. Saxophon) ein selbst erdachtes, improvisiertes oder vom Lehrer entworfenes *Solo* spielen
- ein besonderes Instrument übernehmen, z.B. den *E-Bass*, das *Drumset* oder die *Congas*
- als Hilfslehrer (Tutor) einer Schülergruppe im Nebenraum die *zweite Stimme* beibringen
- die bei einigen Stücken abgedruckte zweite Stimme spielen.

Siehe dazu auch die Ausführungen unter dem Stichwort *Einstudierung*, Seite 83.

Stichwort „Vierklänge"

Bevor man sich mit **Vierklängen** beschäftigt, sollte man die ‚normalen' **Dreiklänge** verstanden haben (siehe Stichwort *Dreiklänge*). Und wenn man gelernt hat, mit Hilfe einer beweglichen *Schablone* Akkorde an *Klaviertasten* abzulesen, kann man sich viele theoretische Erklärungen sparen. Hier die Schablonen für die Vierklänge C^7, C^{7j}, Cm^7, $Cm^{7/5-}$, auch die anderen 11 Tonarten lassen sich auf diese Weise ablesen:

C^7
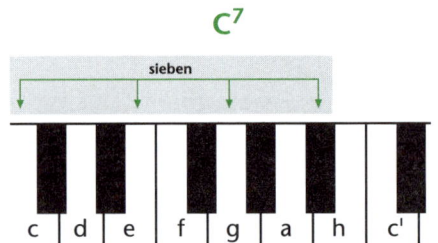

C^{7j}
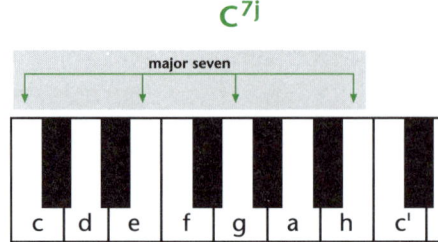

Während C^7 auch in der klassischen Musik sehr häufig vorkommt (z.B. im **Dominantseptakkord**), wird der **übermäßige Septakkord** (C **major seven**, abgekürzt C^{7j}) vor allem im Jazz verwendet. Auch die beiden folgenden Akkorde kommen in vielen Jazzstücken vor:

Cm^7
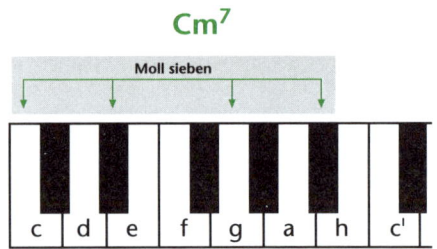

$Cm^{7/5-}$
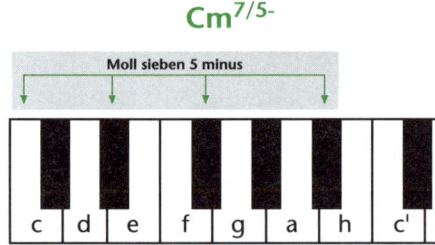

So seltsam diese *Akkorde* alleine klingen mögen, so schön fügen sie sich in den Zusammenhang (siehe KinderStundenStück Nr. 14).

Alle noch so ‚verrückten' **Jazzakkorde** gibt es übrigens auch in der klassischen Musik. Sie haben dort aber andere Funktionen: Während z.B. der C^{7j}-Akkord (c-e-g-h) dort als extremer Reizklang gilt, der stilgerecht aufgelöst werden muss, ist er im Jazz ein ausgesprochen spannungsarmer Ruheakkord.

SEPT-Akkorde		MOLL-Akkorde	
G^7	g-h-d-f	Dm^7	d-f-a-c
C^7	c-e-g-b	Am^7	a-c-e-g
F^7	f-a-c-es	Em^7	e-g-h-d
E^7	e-gis-h-d	C^{7j}	c-e-g-h
$Hm^{7/5-}$	h-d-f-a	F^{7j}	f-a-c-e

Wie es auch schon bei den *Dreiklängen* der Fall war, lassen sich auch fast alle *Vierklänge*, die in dieser Sammlung verwendet werden, mit den weißen *Klaviertasten* (also auch mit den allereinfachsten Stabspielen) darstellen. Die alterierten Töne b und fis können in Stabspiele eingebaut werden, gis und es liegen in *Keyboardstimmen*.

Zur jazztypischen Besonderheit der dreistimmigen Darstellung von *Vierklängen* siehe Stichwort *Akkorde*.

Eckart Vogel KinderStundenStücke © Fidula

Stichwort „Vorzähler"

Wenn mehrere Musiker zusammen musizieren sollen, müssen sie ein Zeichen für einen gemeinsamen Anfang vereinbaren. Im Rock- und Popbereich übernimmt diese Aufgabe meist der Schlagzeuger. Er schlägt die beiden *Sticks* (Trommelschlägel) gegeneinander nach dem Muster:

Dieser **zweitaktige Vorzähler** gibt die größere Einheit (den Takt) wieder, außerdem die **Taktart (Vierviertel-Takt)** und das genaue **Tempo**.

Wenn man Tonaufzeichnungen erstellt, zählt man laut an, spricht jedoch die 4 vor dem Einsatz unhörbar. Manchmal genügt beim Proben auch ein **eintaktiger Vorzähler**.

Wenn man eine Stelle mehrfach probt, Tempo, Metrum und Takt also allen klar sind, kann man auch sofort loslegen auf ein Stichwort („jetzt") oder ein Zeichen (Hand des Dirigenten hebt sich auf 4, fällt auf 1).

Bei Auftritten muss man abwägen, was einem wichtiger ist: ein sicherer Einsatz (mit Vorzähler) oder ein eleganter, aber riskanter Einsatz (auf Handzeichen). Man kann übrigens auch so leise vorzählen, dass es nur die musizierenden Schüler hören.

Auch im **Dreivierteltakt** empfiehlt es sich zunächst, zwei *Takte* vorzuzählen:

   Auch hier genügt später ein einziger Takt.

Problematisch, aber unausrottbar ist die Angewohnheit, nur ein einziges Viertel vorzuzählen auf die Silbe „und". Diese Methode funktioniert zwar, beißt sich jedoch mit dem Auszählen von Achteln: Eigentlich werden alle Achtel, die zwischen den Zählzeiten liegen, mit „und" gezählt (sogenannte *off-beats*, siehe Stichwort *Tondauer*). Wer das letzte Viertel des vorhergehenden Taktes mit „und" benennt, meint ein anderes „und": „....und los!"

Übrigens, es darf nicht nur der Anfang *(Vorzähler)* vorgezählt werden, sondern auch der *Schluss*, so dass das kleine Spielstück ein angemessenes Ende erhält. Auch ‚endlose' *Übungs*durchgänge kann man mit einem ‚Auszähler' stilvoll beenden.

Sachregister

Inhalt der CD

Fidula-Verlag · D-56154 Boppard am Rhein · www.fidula.de